発刊にあたって

　高齢化社会による介護事例や認知症の増加、家事事件手続法の制定、相続税法の改正などにより、遺言や相続に対する関心は高まる一方です。

　しかし、日々、遺言や相続に関する紛争事例を取り扱う弁護士からみると、世の中に氾濫する遺言や相続に関する知識には不正確なものや間違ったものが多く存在し、そのために相続紛争を招いたり、紛争が長期化している例が見受けられます。

　一方、大阪弁護士会では、平成20年９月から遺言・相続センターを開設して無料電話相談を実施し、平成25年３月までの電話相談件数は7,000件以上に達しました。そこで、遺言・相続センター運営委員会の委員や相談担当弁護士たちが蓄積してきたノウハウを開示し、利用者のお役にたてたいと考え、本書を刊行する次第です。

　本書が、少しでも遺言や相続問題に直面するみなさまのお役にたてれば幸いです。

平成25年２月吉日

大阪弁護士会会長

藪　野　恒　明

はしがき（本書の使い方）

　数ある遺言・相続に関する書籍・雑誌等の中から本書を手に取っていただいたことに感謝し、本書の目的、特徴、使い方などについてご説明します。

1　本書の目的

　本書は、専門家向けではなく、一般の方々に遺言・相続に関する正確な知識を持っていただくことを目的としています。ただし、知識といっても机上の法律論ではなく、「現実に起こりうるリスクに備えるための知恵」が多く含まれています。

　最近、書籍・雑誌・テレビ・インターネットには、遺言・相続に関する様々な情報があふれ、とくに、「誰でも簡単に遺言や相続を理解できる」とする情報が目につきます。しかし、遺言・相続は弁護士にとっても難しい専門的な分野のひとつですから、一般の方が正確な知識を身に着けるのはたやすいことではありません。また、中途半端な知識を得てわかったつもりになったり、節税に目を奪われて相続人たちの心情を理解しないでいると、かえって深刻な相続トラブルを招くことになりかねません。

　この点、弁護士は日ごろから複雑な遺言や深刻な相続紛争に接していますので、ちょうど医師が治療の過程で病気の原因を分析するように、常に、どうすれば相続トラブルを防ぐことができるかを考え、そのノウハウを蓄積しています。大阪弁護士会の遺言・相続センターでも、設立以来4年余の間に7,000件を超える電話相談を伺い、そのノウハウもかなりの量になってきました。

　そこで、本書では、一般の方が陥りやすい盲点、すなわち「遺言相続の落とし穴」を指摘して注意を喚起し、「円満な遺産分割」や「本当の意味での相続対策」を実現するためのヒントやノウハウを提供することに主眼を置きました。

2　本書の特徴

　遺言・相続に関する他の書籍と異なる本書の特徴は、以下の点にあります。

(1) 執筆・編集

　本書の原稿は、遺言・相続センター運営委員会委員や相談担当弁護士として第一線で活躍する若手弁護士（執筆者一覧）が初稿を執筆し、さらに豊富な経験をもつ複数の弁護士が編集委員として何度も内容を見直すという方法で完成させました。したがって、他の書籍と比べて遜色ない正確な内容になっているはずです。

(2) 設例の挙げ方

　本書は、60題の設例について回答・解説を加えるという形式で記述しています。

　この設例は、厳密な意味で法律問題といえるかどうかは別として、弁護士たちが担当した事件や実際に遭遇した事案のうち、頻度の高いものを厳選しました。わずか60題で遺言相続に関するすべての問題を網羅しているわけではありませんが、これによって、現在、みなさまが悩んでおられる問題の多くについてカバーできるのではないかと期待しています。

(3) 記述のしかた

　本書は、本来、遺言や相続の専門家ではない一般の方に読んでいただくことを予定しています（もちろん若手弁護士にとっても有益な示唆を含んでいるはずです）。

　そこで、文章はなるべくやさしい言い回しを心がけ、法律の説明は必要最小限とし、原則として条文の指摘も一部省略し、裁判例も引用していません。もっと詳しい説明がほしいと不満に思われるかもしれませんが、紙幅の都合上、一般の利用者の読みやすさを優先させていますので、この点はご容赦下さい。

(4) 法律改正との関係

　平成25年1月1日から、家事審判法に代わって家事事件手続法が施行されましたが、本書は新しい家事事件手続法に対応する内容になっています。

　また、現時点では、相続税法の改正が確実視されており、平成27年1月1日以後に相続開始した例からは改正相続税法が適用されるものと見込まれています。この改正は、最高税率の引上げのほか基礎控除の引下げを含んでおり、実現すればたいへん影響の大きい改正となります。本書でもできる限りこの点に言及していますが、税務に関する

記述には限界がありますので、実際に相続税等が問題になりそうな場合には税理士か税務署に確認される必要があることを指摘させていただきます。

4 本書の使い方

(1) 該当部分の探し方

　ご自身が直面する問題についてのコメントをお探しになる場合には、まず、設例の60項目の中に該当するものがないかを「目次」でご確認下さい。設例の順序に明確な規則性はありませんが、おおむね、「相続」→「遺言」の順に並べています。

　目次に該当するものが見当たらない場合には、末尾の「索引」でご確認下さい。

　また、設例には、それぞれ「☞」として関連項目を指示していますので、その関連項目を参照していただければ、次第に理解が深まるはずです。

(2) 本書の内容が理解できない場合

　本書は、限られたスペースの中に、遺言相続に関する落とし穴に関する多くのエッセンスを詰め込んでいます。そのため、どうしても理解が難しい専門用語や表現が多く存在しますし、短い文章の中に様々な示唆が含まれていることがあります。ですから、本書の内容をうまく理解できなかったとしても不思議ではありません。むしろ、本書を一度読んだからといって、遺言や相続のすべてを知ったつもりになるのは禁物なのです。すべての方に千差万別の事情がありますから、本書によって問題点（遺言相続の落とし穴）についての基礎的な知識を仕入れたうえで、法律相談や税務相談などで弁護士や税理士に直接相談されることを願ってやみません。聞きかじりで知ったつもりになるというのが、実はもっとも危険な「落とし穴」なのです。

5 さいごに

　本書の刊行については、執筆者に初稿を起案してもらった後、裁判所書記官としての実務経験をもち弁護士会でも研修を担当する藤井伸介弁護士と小職がすべての原稿のチェックしたうえ、井上圭吾・木口充・黒瀬英昭・村島雅弘副委員長にもダブルチェックをお願いしました。また、編集委員

の大山定伸・山本健太郎・船瀬茉莉弁護士にも企画段階から参加してもらいました。この場を借りて御礼申し上げます。

　繰り返しになりますが、本当の意味での相続対策は簡単ではありません。「生兵法は怪我のもと」といいますが、「備えあれば憂いなし」という言葉もありますから、遺言や相続に頭を悩ませるすべての方にとって、本書が「転ばぬ先の杖」としての役割を果たしてくれることを願います。

平成25年2月吉日

大阪弁護士会　遺言・相続センター運営委員会委員長
編集代表　　藤　井　　薫

目 次

発刊にあたって
はしがき（本書の使い方）

テーマ1	相続人の範囲	1
テーマ2	法定相続分の意味	3
テーマ3	相続トラブルの傾向と対策	5
テーマ4	遺産分割協議のタイミング	7
テーマ5	遺産分割協議書の作成	9
テーマ6	片親が亡くなった場合の親の取り合い	11
テーマ7	遺産分割調停の申立て	13
テーマ8	遺産分割調停の進め方	15
テーマ9	相続財産の調査	17
テーマ10	遺産分割審判とは	19
テーマ11	介護と相続	21
テーマ12	不動産の遺産分割方法	23
テーマ13	子どもがいない夫婦	25
テーマ14	内縁の夫婦の落とし穴	27
テーマ15	再婚の夫婦	29
テーマ16	条件付き遺言	31
テーマ17	行方不明の相続人	33
テーマ18	事業承継と相続	35
テーマ19	相続債務の行方	37
テーマ20	相続財産の範囲	39
テーマ21	遺産分割を放置していると	41
テーマ22	賃貸人の地位の相続	43
テーマ23	借地権の相続	45
テーマ24	特別受益	47
テーマ25	生前贈与の問題点	49
テーマ26	寄与分が認められる場合	51
テーマ27	生命保険の落とし穴	53
テーマ28	相続人以外への贈与	55
テーマ29	相続放棄とは	57
テーマ30	おひとりさま	59

テーマ31	相続人不存在と特別縁故者	61
テーマ32	遺言の種類	63
テーマ33	公正証書遺言と自筆証書遺言の比較	65
テーマ34	自筆証書遺言の書き方	67
テーマ35	公正証書遺言の落とし穴	69
テーマ36	相続させる遺言	71
テーマ37	包括遺贈と特定遺贈	73
テーマ38	遺言書の頼み方	75
テーマ39	遺言書キット・エンディングノート	77
テーマ40	遺言書の毀棄・隠匿	79
テーマ41	遺言書の開封と検認手続	81
テーマ42	廃除の方法	83
テーマ43	相続分を放棄してもらうには	85
テーマ44	遺留分	87
テーマ45	遺留分の基礎財産	89
テーマ46	遺言書を書くタイミング	91
テーマ47	遺言信託とは	93
テーマ48	相続分を指定する遺言の危険性	95
テーマ49	一部遺言の落とし穴	97
テーマ50	相続紛争の責任は親にあり	99
テーマ51	遺言能力と遺言の無効	101
テーマ52	遺言書と異なる遺産分割協議	103
テーマ53	相続税	105
テーマ54	相続税対策の落とし穴	107
テーマ55	付言事項	109
テーマ56	遺言書の保管方法	111
テーマ57	遺言執行者	113
テーマ58	遺言執行者の解任	115
テーマ59	弁護士費用	117
テーマ60	相談の事前準備	119

巻末資料	121
索引	123
ご挨拶	127
執筆者一覧	128

テーマ1

相続人の範囲

設問 生涯独身だった伯父（母の兄）が亡くなりなりました。私の母はすでに亡くなっています。姪にあたる私も伯父の相続人になるのでしょうか。

回答 姪のあなたはお母さんを代襲相続しますので、原則として伯父さんの法定相続人となります。

解説

1 法定相続人

　まず、お亡くなりになった方（被相続人といいます）の「子」と「配偶者」は、常に相続人になります（民法第887条、第890条）。「子」とは、実子だけでなく養子を含みますし、「養子に出た子」も相続人となります。

　これに対して、被相続人の「兄弟姉妹」は、被相続人に「子」がいない場合で、かつ、「直系尊属」（父母や祖父母）がいない場合にはじめて相続人になります（民法第889条）。したがって、伯父さんに子（認知した子や孫）がおらず、あなたの祖父母や曾祖父母も亡くなっているなら、妹であるあなたのお母さんが伯父さんの法定相続人になるのです。

2 代襲相続

　お母さんは伯父さんより先に亡くなっていますが、兄弟姉妹が相続人になる場合は、一代に限り、甥や姪による代襲相続が認められています（民法第889条、第887条）。したがって、前述の条件を満たせば、あなたも伯父さんの相続人になります。なお、伯父さんの兄弟姉妹があなたのお母さんを含めて5人いて、伯父さんとお母さん以外の3人の兄弟が存命であり（またはその子＝従兄弟がいて）、さらにあなたが3人兄弟だと

仮定すると、あなたの法定相続分は、1／4×1／3＝1／12となります。

3　注意すべき点

　以上のように、あなたが法定相続人になるためには、伯父さんの直系尊属（あなたの祖父母や曾祖父母）が亡くなっていることと、伯父さんに子（孫を含む）がいないこと条件になります。このうち前者についてはあなたもご存じでしょうが、伯父さんに子がいるかどうかは戸籍で確認しないと確定できません。前述のように、結婚していなくても認知している子がいることがありますし、あなたが知らない間に養子縁組している可能性もあるからです。したがって、市役所等に出向いて伯父さんの戸籍を入手して確認する必要があります。

　なお、独身の伯父さんに「内縁の妻」がいる可能性はありますが、内縁の妻は「配偶者」にはあたらないので、その人には相続の権利はありません。

4　相続放棄

　あなたが相続人になったとしても、伯父さんのプラス財産のみを相続するとは限りません。伯父さんに借金があれば借金も相続することになるからです。ですから、あなたが相続人になることを確認したら、すぐに伯父さんに負債がないかを調査するべきですし、その結果、相続財産よりも負債が多いなら、急いで相続放棄の手続を採る必要があります（相続放棄できる期間は、自己のために相続の開始があったことを知った時から3カ月以内とされています）。

　　テーマ29

テーマ2

法定相続分の意味

設問 相続人だったら法定相続分どおりに分けてもらえるのですか。

回答 相続人であっても、法定相続分どおりに分けてもらえるとは限りません。

解説

1　相続分・指定相続分

　数人の相続人が遺産を承継する場合における各人の遺産の取得割合を「相続分」といいます。この「相続分」は、一次的には、被相続人自身（亡くなった人）が遺言で定めることができます（民法第902条、「指定相続分」といいます）。もっとも、相続分の指定が遺留分を侵害すると遺留分減殺請求される可能性がありますし、債務に関する相続分の指定は債権者に対抗できないと考えられています。

2　法定相続分

　これに対して、「法定相続分」とは、相続分の指定がない場合の「相続分」のことで、その名のとおり、法律で定められています（民法第900条）。その割合を、相続人ごとに説明すれば、以下のとおりです。
① 配偶者　配偶者は、被相続人に子（孫を含む）も直系尊属（父母や祖父母）も兄弟姉妹（姪や甥を含む）もいなければ、すべてを相続します。子（孫）がいる場合の法定相続分は1／2で（直系尊属や兄弟姉妹は相続人になりません）、子がいなくて直系尊属がいる場合は2／3になります（兄弟姉妹は相続人になりません）。最後に、子も直系尊属もいなくて兄弟姉妹だけがいる場合、配偶者の法定相続分は3／4となります。

② 子　被相続人の子どもの法定相続分は、配偶者がいれば1/2であり、配偶者がいなければすべてを相続します（子どもがいれば直系尊属や兄弟姉妹は相続人になりません）。
③ 直系尊属　直系尊属は、配偶者も子もいないなら、すべてを相続します。配偶者がいる場合の法定相続分は1/3となります。
④ 兄弟姉妹　兄弟姉妹は、子か直系尊属がいれば、相続人となりません。配偶者だけがいる場合の法定相続分は1/4であり、配偶者もいなければすべてを相続します。
⑤ 立場が同じ者同士の間では相続分は等しいものとされています。ただし、嫡出でない子の相続分、父母の一方だけを同じくする兄弟姉妹（「半血の兄弟姉妹」といいます）の相続分は、それぞれ1/2に変更されます。また、子や兄弟姉妹が相続人となる場合で、かつ、被相続人の死亡前に子や兄弟姉妹が死亡している場合には、その子（孫あるいは甥姪）に代襲相続が認められている点に注意が必要です。

3　法定相続分の意味

　実際の遺産分割手続では、必ずしも法定相続分が確保されるとは限りません。というのは、生前に被相続人から多額の贈与を受けている相続人がいる場合や、被相続人の財産の形成に寄与したり財産の維持に貢献した相続人がいる場合には、他の相続人との公平を図る考えから、前者については「特別受益」、後者については「寄与分」の制度により、相続分が修正されるからです。特別受益や寄与分については、別項をご参照下さい。

　もっとも、遺産分割審判の場合には、預貯金等の可分債権は法定相続分の割合に従って当然に分割されたものとして審判の対象から除外されますし、相続債務も法定相続分に応じて分割債務となるとされて同じく除外されますから、いずれにしても、法定相続分が遺産分割にあたっての重要な基準になることには違いありません。

関連項目　　テーマ24・26・48

テーマ3

相続トラブルの傾向と対策

設問 子どもたちの仲が良いので、わが家は相続トラブルとは無縁だと思うのですが、それでも注意した方がいいですか。

回答 相続紛争と無縁のご家庭の方が多いでしょうが、近年、相続紛争は確実に増加しています。相続紛争を予防するために遺言書を書くことをお勧めします。

解説

1 相続紛争の増加傾向

　遺産分割とは、相続財産について、誰がどの財産を相続するのかを確定する手続のことです。遺産分割をするには、相続人全員で話し合って合意しなければなりませんが（遺産分割協議）、相続人のうち1人でも合意しなければ成立しません。当事者間で遺産分割協議がまとまらない場合には、家庭裁判所での遺産分割調停や遺産分割審判によって遺産分割の内容を決めることになりますが（協議・調停・審判を遺産分割手続といいます）、裁判所を利用するケース（調停・審判）は最近10年間で25％も増加しています。

2 紛争増加の原因

　遺産分割協議がまとまりにくくなっている原因のひとつは、親子間の経済格差です。たとえば、親（被相続人）の世代は高度成長期やバブル期に働き、蓄えもあり、年金ももらえる人が多いのに対し、子（相続人）の世代はバブル崩壊や長引く不況によって職を失い、事業に失敗し、年金がもらえるかも怪しいという人が多くなっています。そのため、経済的に余裕がない子の世代は、親の相続にあたって「法律的に権利があるのだから、もらえるものはもらっておこう」と考える傾向がありますし、

それはそれで無理からぬことといえるでしょう。

相続紛争が増えるもうひとつの原因は、親（被相続人）世代の高齢化とこれに伴う介護の問題です。たしかに医療の進歩によって、男性は79歳、女性は85歳まで平均寿命が延び、65歳以上の高齢者人口も約3000万人に達しましたが、認知症の人数も約300万人を超えて爆発的に増加しています。それ以外にも「隠れ認知症」の方が大勢いらっしゃるでしょうし、脳梗塞の後遺症や骨折などで日常生活が不自由な高齢者の数はかなりの数になるものと思われます。こうした方は介護を必要とされることが多く、介護の大変さは経験した者でなければわかりません。ですから、被相続人を介護していた相続人と、そうでない相続人の間では、相続に関して深刻な意見の対立が生じやすくなります。

さらに、核家族化によって親兄弟が遠隔地でばらばらに暮らしていることは、情報の偏在を生み、相続人の間で、相続財産等に関して誤解や疑念を招く原因になります。

3　対策

子どもたちの仲が良いのはたいへん好ましいことですし、相続紛争が起きなければそれに越したことはありません。しかし、そのような家族でも相続紛争が起きることはあります。紛争を予防するための第一選択は遺言ですが、かりに認知症にでもなれば、遺言能力が障害となって有効な遺言を残すことができなくなりますし、日本人の死因の約3割を占める心疾患、脳血管疾患、事故などが生じるケースでは、遺言書を書く時間的余裕がないことも少なくありません。ですから、たとえ現在の家族関係が良好であっても、心身ともに元気なうちに遺言書を書いておかれることをお勧めします。

関連項目　テーマ11・46

テーマ4

遺産分割協議のタイミング

設問 母が亡くなり四十九日が過ぎました。かなりの遺産があるはずですが、母の近くで暮らしていた兄からは何も言ってきません。自分から話し合いを求めるべきでしょうか。

回答 問題を先送りせず、早めに遺産分割協議を始めて下さい。

解 説

1 遺産分割協議の話し合いのタイミング

ご質問の例では、お兄さんが相続財産を掌握し、預金通帳なども管理されている様子ですから、あなたから遺産の開示と相続の話を求めるのは当然です。ちなみに、初七日は故人が三途の川のほとりに到着する日、四十九日（満中陰）は故人の来世が決まる日とされ、四十九日までが忌中とされています。したがって、通夜や葬儀の席で遺産の話を出すのは気が早いといえますが、四十九日が明けて遺産分割協議の話し合いを求めるのは、けっしておかしくありません。

2 相続税の申告期限

このまま放置していると、どうなるでしょうか。まず気になるのは、相続開始後10カ月とされる相続税の申告納付期限です。かりに相続人があなたと兄の2人だけなら、現行の相続税法では、基礎控除5000万円と1000万円×法定相続人数（2人）で7000万円までは相続税がかかりません（相続税法の改正により平成27年1月1日以降の相続から基礎控除額が変更される可能性があります）。しかし、それ以上の遺産があれば、原則として相続税の申告と納付が必要になります。

3　紛争のはじまり

　このようなケースでは、相続税申告期限の直前、つまり相続開始後9カ月目くらいに、財産を管理している相続人（この事例では兄）から、事前の説明なく、いきなり遺産分割協議書を送りつけられ、署名・捺印（実印）と印鑑証明書の交付を求められることがあります。このような場合、一般的には「税理士に相談したら莫大な相続税がかかることがわかった」、「今すぐ署名捺印して遺産分割協議書を送り返してくれ」などと言われます。「莫大な相続税がかかったらおまえのせいだ」と迫られることもありますし、「これは相続税申告のための仮のものだから、遺産分割に異議があるなら後日話し合えばいいではないか」と説得されることも珍しくありません。

　しかし、相続税の申告納付期限までに遺産分割協議がまとまらないなら、未分割として相続税申告すれば足ります。もちろん申告とともにいったん相続税を納付する必要がありますが、3年以内に修正の申告をすれば、配偶者の税額軽減、小規模宅地の特例といった特例も遡って適用できるのです。したがって、上記のお兄さんの言葉には合理性がありません。むしろ節税目的で遺産分割協議書を作成した後に、あらためて遺産分割協議を求めても拒絶され、こうして、「言った」「言わない」の相続紛争が起こってしまうのです。

4　話し合いを求める方法

　以上のように、問題の先送りは、相続人全員のためになりません。角が立つことを気にされているのなら、きっかけを作るために、「財産より負債の方が多ければ3カ月以内に相続放棄しないといけないし、事業収入があれば4カ月以内に所得税の準確定申告をする必要があると聞いたから、それを検討するためにも、お母さんの遺産を開示してほしい」と申し入れるのがよいと思います。

関連項目　テーマ53

テーマ5

遺産分割協議書の作成

設問 兄弟間で話し合いがまとまりそうなので遺産分割協議書を作成したいのですが，どうやって書けばいいのでしょうか。

回答 遺産分割協議書は正確に作成しないと、後日の紛争につながりかねません。できるかぎり弁護士等の専門家に相談しながら、慎重に作成して下さい。

解説

1　作成前の注意

　遺言書の有無、相続人の範囲、遺産（相続財産）の内容について慎重に確認し、くれぐれも漏れがないように心がけて下さい。ご自分だけが知っておられる情報は、遺産に関する限り、些細なことでも兄弟に伝え、全員で情報を共有されることをお勧めします。また、遺言書があっても遺産分割協議はできますが、遺言書の隠匿は相続欠格事由となりますから、遺言書があるなら必ず開示しておかなければなりません。

　相続人の範囲については、基本的なことですが、認知した子がいる場合などに備えて、被相続人が生まれてから死ぬまでの原戸籍を含めたすべての戸籍謄本類を入手し、確認して下さい（ご兄弟の中に亡くなっている方がおられ、そのお子さんが代襲相続する場合等には相続関係図を作成しておかれると便利です）。この点に漏れがあると、遺産分割協議をやり直すことになります。

　遺産の範囲については、できれば遺産目録を作成して、残高証明書、通帳等の資料を準備し、遺産に関する被相続人の生前の日記やメモについても相続人全員で目をとおして、合意の前提に誤解がないようにしておくべきです。

2　遺産分割協議書の形式

　遺産分割協議書は、原則として相続人数に等しい通数を用意し、それぞれに相続人全員が署名（原則として自書して下さい）し、実印で押印し、各自の印鑑証明書を添付して下さい。遺産分割協議書自体が複数枚となるのなら、各葉に契印を押すか製本して下さい。

3　遺産分割協議書の内容

　遺産の中に不動産がある場合には、遺産分割協議書を証明資料（相続を証する書面）として、所有権移転登記をすることができます。ただし、遺産分割協議書に相続人全員が実印で押印し、印鑑証明書を添付する必要がありますし、不動産の特定に問題があれば登記できないことがあるので、その意味でも事前に弁護士や司法書士に相談して下さい。

　預貯金や株式については、相続人全員が実印を押印した遺産分割協議書と印鑑証明書の提出がない限り、金融機関が解約払戻し等に応じないというケースが多く見られます。また、遺産分割協議書だけでなく、相続人全員が署名押印する欄を設けた死亡届や相続届、あるいは専用の解約払戻請求書の作成を要求する金融機関もありますので、あらかじめ遺産の範囲を確認する過程で金融機関に手続を確認し、遺産分割協議書作成と同時にこれらの書類を作成できるよう準備して下さい。

　なお、遺産分割協議書の作成後に新たな相続財産が見つかった場合に備えて、遺産分割協議書の中には、「本書記載の遺産以外の財産が見つかった場合は、○○がそのすべてを取得する」あるいは「本書記載の遺産以外の財産が見つかった場合は、法定相続分に応じて各自が取得する」というような条項を必ず設けておくべきです。

関連項目　　テーマ５２

テーマ6

片親が亡くなった場合の親の取り合い

設問 父が亡くなりましたが相続税を払うお金がなかったので、兄弟で話し合って、母に全財産を相続してもらいました。この方法に落とし穴がありますか。

回答 一見すれば簡便かつ合理的ですが、実はたいへん危険な遺産分割です。

解説

1 配偶者の税額軽減の利用

相続税の物納は原則として認められませんので、相続人に手持ちの資金がなく、遺産の中の現預金も少ない場合には、相続税の納付に困ることになります。こうした場合でも相続税の延納申請という方法があるのですが、それよりもお母さんに相続財産を集中させて配偶者の税額軽減の特例（相続税法第19条の2）を利用し、税額そのものを軽減する方法を選ばれる方が多いと思います（税理士もその方向でアドバイスするのが通例です）。

しかし、相続税は極端な累進課税ですから、夫婦の全財産を一度に子に相続させることになれば、同じものを二度に分けて相続するより税負担が重くなることは明らかです。配偶者の税額軽減には一定の節税効果がありますが、全財産を配偶者に相続させるような場合には、長い目で見れば節税の目的にも合致しないことがあるので要注意です。

2 問題の先送り

相続税の負担がない場合でも、とりあえず相続争いを避けるため、全財産を残された親に相続させることがよくあります。しかし、これも裏を返せば、兄弟が何でも言い合える間柄ではないことを示唆しているこ

とが多く、やはり問題の先送りにすぎません。こうした場合には、残された親の相続が開始すると、高い確率で相続紛争が起きるといえるでしょう。

3 親の取り合い

残された片親（この事例ではお母さん）がお元気でしっかりしている間は、家族の重石の役割を果たしますから、兄弟間の確執は表に出ません。しかし、連れ合いが亡くなって気落ちし、大病を患うことにでもなれば、早速介護の問題が出てきます。そして、たとえば弟がお母さんと同居して面倒を見ることになれば、面倒を見た弟は妻から愚痴を言われて不公平感をもつようになりますし、同居しなかった兄からは、弟がお母さんの財産を自由に使っているように見えてしまうのです。

さらにお母さんに認知症などがでてくると、兄弟双方とも、相手がお母さんの財産を狙っているのではないか、放っておくとお母さんを騙して相手に有利な遺言書を作成させるのではないかと疑う気持ちが強くなり、「自分が母の面倒をみる」と主張して親の取り合いや遺言書の書かせ合いを始めることがあります。また、同居していない兄が、お母さんの財産の散逸を防止するため、弟に無断でお母さんの成年後見を申立てることもあります。この場合には、成年後見は相続紛争の前哨戦なのです。しかし、成年後見を申し立てられれば、同居している弟が不快に感じることは当然ですし、お母さん自身も財産を奪われると感じて申立てをした兄を恨んでしまうかもしれません。

4 両親の片方が亡くなった時に十分な話し合いを

こうして、こじれるだけこじれた後の遺産分割協議が円満に進むことはありません。ですから、両親の片方が先にお亡くなりになった時こそ、問題を先送りにせず、将来の介護の問題なども含めてよく話し合って遺産分割を行っておくことが重要だといえます。

関連項目　　テーマ11・53

テーマ7

遺産分割調停の申立て

設問 鹿児島県に住んでいた父が亡くなりました。兄は福岡、姉と私は大阪に居住していますが、遺産分割調停は鹿児島の裁判所に申し立てなければならないのでしょうか。

回答 お父さんの居住地が鹿児島県でも、鹿児島の家庭裁判所に申し立てなければならないわけではなく、相手方となる兄や姉の住所地を基準として、福岡や大阪の家庭裁判所に遺産分割調停を申し立てることができます。

解説

1 遺産分割調停の管轄

相続人間で遺産分割協議がまとまらない場合には、原則として家庭裁判所に遺産分割調停を申し立てます。この場合の家庭裁判所は、相手方の住所地を管轄する裁判所又は当事者が合意で定める裁判所です（家事事件手続法第245条）。本件の場合、相手方はお兄さんとお姉さんの2人ですから、福岡の裁判所でも大阪の裁判所でもよいわけで、さらに相続人全員が同意するなら、それ以外の家庭裁判所（例えば広島家庭裁判所など中間地点の裁判所）でも調停を行えます。もっとも、お兄さんとだけ意見が対立している場合には、お兄さんの無用な反感を避けるため、福岡の家庭裁判所に申立てをするのが賢明です。

2 遺産分割審判の管轄

なお、いきなり遺産分割の審判を申し立てることもでき、その場合の家庭裁判所は、相続が開始した地（被相続人の住所地）を管轄する裁判所（鹿児島）となります（家事事件手続法第191条、民法第883条）。しかし、審判を申し立てても職権で調停に戻されることが多いので（付調

停、家事事件手続法第274条)、無駄な手間を省く意味で、やはり調停から始めるべきだと思います。

3 遺産分割調停申立ての方法

　遺産分割調停を申し立てるには、当事者や申立ての趣旨及び理由を記載した申立書を裁判所に提出しなければなりません。裁判所には定型用紙が備えられていますし、裁判所のホームページでも公開されていますのでご利用下さい。ただし、申立書の写しは原則として相手方にも送られますので、ことさら相手方を激怒させるような不必要な記載を書かないよう注意して下さい(感情的なことを書くと調停進行の妨げになるのです)。

　遺産分割調停を申し立てる際に手間がかかるのが、申立てに必要な資料の収集です。代表的なものとして、戸籍、不動産の全部事項証明書(従前の登記簿謄本)、固定資産評価証明書等があげられます。

　まず、戸籍は、亡くなられたあなたのお父さんが生まれてから死亡するまでの間のものをすべてそろえる必要があります。本籍地の市区町村役場でとることができますが、本籍地を何度か変更している場合には変更前の市区町村役場にも請求しないといけません。遠方の場合は郵送で取寄せすることができますので利用されるとよいでしょう。

　不動産の全部事項証明書は、不動産所在地を管轄する法務局で入手できますし、正確な地番や家屋番号がわかっていればどこの法務局でもとることができます。郵送やインターネットで取寄せることも可能です。正確な地番、家屋番号がわからない場合は、登記済権利証や固定資産税の納税通知書の課税明細書等で確認して下さい。また、固定資産評価証明書は不動産所在地の市町村役場でとることができますが、これも郵送で取寄せることができます。

 　テーマ8・9

テーマ8

遺産分割調停の進め方

設問 遺産分割調停を申し立てましたが、調停委員は相手方の味方ばかりして私の言い分を聞いてくれません。どうすればよいのでしょうか。

回答 あなたの主張の根拠となる金融機関の取引履歴など客観的な資料を準備し、言い分を文書化して裁判所に提出し、必要に応じて弁護士に委任することをお勧めします。

解説

1 遺産分割調停の仕組み

　遺産分割調停を主宰するのは、裁判官1名と最高裁判所が任命した家事調停委員（2名以上）によって構成される調停委員会です。また、調停委員は、調停に一般市民の常識を反映させるため、社会生活上の豊富な知識経験や専門的な知識を持つ人の中から選ばれます。なお、稀にですが、5年以上の経験がある弁護士の中から任命された調停官が裁判官の代わりを務めることがあります。

　遺産分割調停では、調停期日に当事者を呼び出し、原則として1人ずつ交互に調停室に入室して、調停委員2名（通常は男女1名ずつ）が事情を聞き、遺産分割の合意に向けて意見を調整します。裁判官は人数が少ないので調停期日には同席しないのが原則ですが、調停委員と頻繁に評議をして調停の内容を把握しています。

2 調停委員に対する不満

　遺産分割調停に関して、当事者から「調停委員が相手の味方ばかりする」という苦情を聞くことはよくあります。実際、調停の途中から弁護士が代理人として出席すれば、手のひらを返したように態度が変わる調

停委員もいないわけではありません。

　しかし、もともと調停は、どちらの当事者の言い分が正しいかを決めるものではありません。双方の意見を聞いて妥当な解決策を考えるためのものですから、調停委員が相手方の言い分を聞いてあなたに質問してくるのは、当然の手順なのです。したがって、調停委員が「相手方の意見はこうだった」と説明したとしても、これを調停委員が相手の言い分を信用したと受け取って、無用に腹をたてる必要はありません。また、調停委員は必要な研修を受けたうえ、事前に裁判官と打ち合わせをして調停期日に臨んでいますから、もともとどちらかの肩をもつということはありません。

3　対策

　もっとも、調停委員の多くは法律の専門家ではありませんから、寄与分、特別受益、裁判などの正確な知識がないことがあります。また、調停委員も人間なので、片方の当事者に感情移入してしまうことがないとは言い切れません。

　そこで、まず、調停委員に正確に事情を理解してもらうために、自分の言い分を文書化し、その根拠となる資料を準備して調停に臨むことをお勧めします。もちろん、自分の考えを整理することは調停で冷静になるためにも役立ちます。

　さらに、調停で遺産の範囲、寄与分、特別受益などが問題になっているのなら、これらの問題を正確に説明するためにも、弁護士に依頼することをお勧めします。弁護士に依頼すれば、資料収集や文書作成をまかせることもできますし、調停委員に対しても客観的かつ法律的な意見を述べることができますので、結果として、納得できる解決に近づくことができるはずです。

関連項目　　テーマ10

テーマ9

相続財産の調査

設問 亡父と同居していた兄は、亡父の相続財産について教えてくれません。遺産分割調停を起こせば明らかにしてもらえますか。

回答 調停を申し立てても、家庭裁判所が、その手続の中で相続財産を調査してくれるわけではありません。

解説

1 **家庭裁判所の限界**

　遺産分割調停は調停委員会によって行われ、調停委員会には事実調査や証拠調をする権限が認められています（家事事件手続法第56条）。したがって、遺産分割調停を申し立てれば裁判所が調査してくれるはずだと考えるのは、間違いとは言い切れません。

　しかし、裁判所の職員数は限られ、調査の方法も限定されていますから（裁判所は、他の官庁と違って予算の取り方が下手なのです）、実際には、裁判所には遺産の内容を網羅的に調査する能力はありません。したがって、調停委員が遺産の内容について問題があると感じても、相手方に対して「遺産の内容を開示してくれませんか」と説得することしかできませんし、相手方がこれを拒絶すれば、強制的に遺産内容を調査することはできないのです。したがって、結局、あなたが自分で遺産を探し出すか、あるいは、あなたから遺産と思われるような財産について具体的な根拠を提示して、調停委員からの説得を後押しするしかありません。

2 **相続財産の調査方法**

　被相続人の不動産については、市区町村の固定資産税課（東京23区の場合は都税事務所）で「名寄帳」を入手すれば、その区域での被相続人名義の不動産が判明しますから、法務局でその不動産の「全部事項証明

書」を入手して調停委員会に提出して下さい。

　預貯金や株式などは、お父さんが利用していた金融機関に対して死亡日の残高証明や取引履歴を照会することで確認できます。取引金融機関がわからない場合には、お父さんが暮らしていた地域で利用しやすい金融機関（大手都銀、ゆうちょ銀行など）に出向き、自分が相続人であることを示して（戸籍謄本が必要です）、お父さん名義の預金の有無を確認します。なお、死亡日（相続開始日）現在には預貯金がなかったとしても、死亡直前に預金が解約払戻しされている可能性があるので、取引履歴を開示してもらって下さい。それが見つかれば、ただちに遺産といえないとしても、調停委員からの説得材料になるのです。また、取引履歴に不自然な預貯金の引き出しや送金等があれば、それをきっかけに、他の相続財産を発見できる場合もあります。

　これに対して、書画・骨董などの動産や、いわゆるタンス預金（現金）等については、お兄さんが任意に申し出ない限り、発見することは困難というほかありません。もっとも、相続税が課税されるような事例では、税務署が被相続人の資産の流れを徹底的に調査し、その結果として相続に影響する財産（遺産や生前贈与）が判明することがあります。

　テーマ２０

テーマ10
遺産分割審判とは

設問 調停委員から調停案に不服なら審判になると言われました。審判になれば不利になりますか。また、解決するまでどのくらい時間がかかるのでしょうか。

回答 審判は、裁判官が一切の事情を考慮して遺産の分割方法を決める手続で、結果として不利になることもあります。また、審判手続では前提問題の解決を待って審理することがありますし、審判が出ても即時抗告（異議申立て）できますから、ケースによって、2～3年かかる可能性があります。

解 説

1　調停と審判の関係

当事者間での話合いによって遺産分割がまとまらず、家庭裁判所の遺産分割調停も不成立となった場合には、自動的に審判手続に移行します。調停手続が話合いによる解決を目指す手続であるのに対して、審判手続は、裁判官が一切の事情を考慮して遺産の分割方法を決定する手続といえるでしょう。なお、当事者間での話合いが整う見込みがないとしていきなり審判を申し立てることもできますが、裁判所が職権で調停に付し（付調停、家事事件手続法第274条）、結局、調停から始まるのが一般的です。

2　審判の対象及び手続の内容

調停手続は、あくまでも当事者による話し合いですから、相続人や遺産の範囲はもちろんのこと特別受益や寄与分なども含めて話し合いの対象とすることができます。これに対して、審判手続の場合、相続人や遺産の範囲に争いがある場合には、その問題（前提問題と呼ばれます）の

解決のため、別途、通常の民事訴訟を提起する必要が生じることもあります。また、寄与分についても、あらためて審判の申立てを行う必要があり、その申立てがなければ、たとえ調停手続において寄与分を主張していたとしても審判の対象とされません。さらに、預貯金などの債権については、原則として相続開始により当然に相続分に応じて各相続人に分割される扱いですから、当然には審判手続の対象とはなりません。そのほか、審判手続では、裁判所の後見的立場から具体的妥当性が重要視され、裁量的・合目的的判断が優先されますので、当事者の意図した分割が実現しない可能性も十分にあります。

なお、統計では、調停と審判をあわせて6回から10回の期日が開かれ、1年以上2年以内に結論が出るというのが最多分布帯となっています。また、審判では当事者の意見を聞く機会として審問期日が開かれ、事実上、相手方と直接対決する場面もありえます。

3　不動産などの遺産分割審判は要注意

相続財産として自宅不動産しかないような場合、不動産の分割については、相続人のうちの1人が取得して他の相続人に代償金を支払う方法（代償分割）や、売却の上で代金を分配する方法（換価分割）が合理的です。しかし、審判では、相続人に代償金を支払うだけの十分な資力がない場合には、当事者が望んでいなくても、遺産の競売による換価を命じることがあります（家事事件手続法第194条）。また、不動産を相続人全員の共有とする審判が下されることもあり、その場合には、審判後に共有物分割の手続を採ることが必要となって、さらに時間と費用がかかることになります。したがって、調停委員会の調停案を拒否して審判手続に移行する際には、事前に審判の長所と短所を十分に検討しておく必要があるでしょう。

関連項目　テーマ12・20・26

テーマ11

介護と相続

設問 85歳の父を残して母が亡くなりました。父は1人で身の回りのことができないので、兄弟のうちで唯一単身の私が父と同居して面倒をみようと思います。将来、どんなことに気をつければいいでしょう。

回答 他の兄弟から、お父さんの財産目当てと誤解されないよう注意することが必要です。

解　説

1　高齢化社会と介護

　日本人の寿命は、おおよそ男性が79歳、女性が85歳で、65歳以上の高齢者は約3000万人に達しています。それは悪いことではありませんが、人間だれでも歳をとれば足腰が弱り、病を得れば、必然的に介護の問題を生じます。もちろん老人福祉法に定められた有料老人ホームや老人福祉施設に入居できればよいのですが、お金がかかったり順番待ちだったりして、なかなか思うようにはいきません。そこで、両親の一方が亡くなった場合には、残された親の面倒を誰がみるのかという問題に直面しますし、設問にあるように、子どもたちの中でも身軽な者が親の面倒をみることになるのはよくあることです。

2　介護の苦労

　しかし、はじめのうちは元気だったお父さんも、たとえば認知症の進行等にともなって徘徊、せん妄、異食症、暴力などが始まってくると手に負えません。場合によっては、あなたが仕事をやめ、24時間付き添わないといけなくなることもあるでしょう。したがって、あなたが、お父さんの相続のときに、自分がした苦労をわかってもらいたいとか、多めに相続財産

を受け取りたいと考えるのは、あながちおかしなことではありません。

3　他の兄弟の受け止め方

　ところが、他の兄弟たちの受け止め方は少し違います。たとえば、お母さんの相続の際に、お父さんの面倒をみることを前提としてあなたが法定相続分を超える財産を相続している場合には、「面倒をみて当然だ」という感覚をもちます。お父さんの具合が悪くなってから、兄弟と話し合うことなく同居を始めると、「あいつは財産狙いだ」とか「お父さんの年金で暮らしている」と言われることもあります。しかも、頼みの綱のお父さんが、滅多に会わないあなた以外の子どもたちに大切にされたいと思うあまり、あろうことか、他の兄弟に対してあなたの悪口を言うこともあるのです（歳をとるほどこの傾向が顕著ですが、これこそが相続トラブルの元凶といっても過言ではありません）。さらに、親族間の介護は、法律上は当然の義務とされ、寄与分としては評価されないことが多いので、「こんなことなら親父の面倒をみるんじゃなかった」と思ってしまうかもしれません。

4　対策

　こうして生じる兄弟間の相続トラブルは、悲しい現実です。なぜなら、子どもたちの誰も悪くないからです。しかし、予防できないわけではありません。万全とはいえませんが、頻繁に兄弟に連絡し、日常生活の写真を送ったりしてお父さんの現状を伝えておくべきでしょう。また、誤解を避けるために、お父さんとあなたの財産を混同しないようにきちんと分け、お父さんの財産の移動を家計簿につけたり、領収証を残したり、何かにつけ現金ではなく銀行を通して入出金することをお勧めします。

　さらに、お父さんがあなたに感謝してくれている場合には、そのことを手紙に残してもらって下さい。また、お父さんがあなたに配慮した遺言書を書いてくれるのなら、付言事項として、あなたに対する感謝の気持ちを書いてもらうことも有益です。なお、お父さんから生前贈与してもらった場合には、遺言書中に、あげた財産は相続財産には戻さないでほしいという「持ち戻しの免除」の条項を加えておくことができます。

関連項目　　テーマ3・6・50

テーマ12

不動産の遺産分割方法

設問 母が亡くなりましたが、相続財産は母名義の自宅（土地・建物）だけです。私と弟が相続人ですが、私は自宅を絶対に手放したくありません。どうすればいいでしょうか。

回答 遺産分割には現物分割、代償分割、換価分割といった方法があり、どれを選び、どう組み合わせるかは遺産分割協議によって決めることができます。また、遺言によって指定しておくこともできます。

解　説

1　現物分割

　現物分割とは、遺産をそのままの形で分割する方法です。この場合だと、あなたが土地を、弟が建物を取得するといった分割方法です。また、土地建物全体について持分1／2ずつの共有名義にする方法も考えられます。しかし、土地とその上の建物を異なる名義にしたり全体を共有名義にするのは問題の先送りに等しく、とくに後者の場合には、他の分割方法を選択し得ない場合の最後の手段というべきでしょう。つまり、現物分割は、遺産中に複数の不動産がある場合に、代償分割と組み合わせて用いられることが多いので、この事例については適切と思えません。

2　代償分割

　代償分割とは、遺産の現物を取得した者が、取得しなかった者に対して相続分に対応する金銭（代償金）等を支払う方法で、遺産中の不動産が数少ない場合によく用いられています。たとえば、あなたが自宅を相続し、これを3000万円と評価して弟の相続分に相当する1500万円を弟に払うという方法で、これなら自宅を手放さずにすみます。

しかし、この方法を取るなら、あらかじめ代償金を用意する必要があります。弟が同意するなら代償金の減額や分割払いも可能ですが、支払いが滞らないよう注意して下さい。また、この方法は、自宅不動産の評価について当事者間で合意することが前提です。不動産については路線価、公示価格、固定資産評価額といった評価方法がありますが、実勢の取引価格とは一致しませんので注意して下さい。この点について合意ができず、遺産分割審判に至った場合には、不動産鑑定士による鑑定評価が必要となります。

　なお、遺産分割協議や調停段階では、代償金に代えてあなたが所有する別の不動産を弟に譲るといった方法も考えられます。ただ、この方法では別の不動産の譲渡が譲渡所得とみなされ、譲渡益が出れば所得税が課税されますので、等価交換の特例（所得税法第58条）の方法を採ることができないかを検討するべきでしょう。

3　換価分割

　換価分割とは、遺産を売却して金銭に換え、その代金を相続人が分割して取得する方法です。この方法なら不動産の評価は問題にならないし、後々の紛争も回避できますが、この事例のように、たとえば相続人が家族とともに相続不動産に住んでいるような場合には、引越しが必要となるため、まとまりにくい方法といえます。しかし、遺産分割調停で現物分割も代償分割も合意に至らず、かといって任意売却による換価分割についても合意しないまま遺産分割審判手続に移行した場合には、最終的には、否応なく審判で（究極的な換価分割である）遺産の競売が命じられることになります。したがって、どこまでも自分の要求を貫くのは得策ではありません。調停段階で現物分割にも、代償分割にも同意できないときには、やむをえず任意売却による換価分割を考慮するのが賢明だといえるでしょう。

関連項目　テーマ10・21・49

テーマ13

子どもがいない夫婦

設問 私たち夫婦には子どもがいませんが、仲良く暮らしています。私が死んだら、財産はすべて妻にいくのでしょうか。

回答 あなたが亡くなった場合、すべての財産が妻に相続されるとは限りません。よく誤解されるパターンですので、注意して下さい。

解説

1 配偶者以外の相続人

　配偶者は常に相続人になりますが、子どもや孫（直系卑属）がいなくても、被相続人の父母や祖父母（直系尊属）が生存している場合は、その父母や祖父母も相続人となり、その場合の法定相続分は配偶者が2／3、父母あるいは祖父母が1／3です。父母や祖父母もすでに死亡している場合には、配偶者と被相続人の兄弟姉妹が法定相続人になり、この場合の法定相続分は、配偶者が3／4で、義理の兄弟姉妹が1／4です。

2 配偶者の父母あるいは祖父母や兄弟姉妹との話し合い

　子どものいない夫婦が2人仲良く生活していると、どちらかが亡くなっても、他方の配偶者がすべて相続するものだと考えがちです。しかし、上述のように、法律は、子どもがいない場合には被相続人の直系尊属に相続権を認め、直系尊属がいない場合でも兄弟姉妹に相続権を認めています。したがって、あなたがお亡くなりになった後、奥さんが相続財産を処分しようとする場合には、あなたの父母・祖父母や兄弟姉妹と遺産分割協議しなければなりません。また、奥さんがあなたの名義の預貯金を解約して払い戻しを受ける場合でも、金融機関からは相続人全員の承諾を求められます。もちろん、義理の父母や兄弟姉妹とは仲良くやって

いるし、何の世話にもなっていないから権利を主張されることはないだろうと思われるかもしれませんが、血のつながりのない兄弟姉妹らが遠慮してくれるとは限りません。そして、長年疎遠になっていた義理の兄弟姉妹とお金の分配の話をすることは、奥さんにとっても煩わしいことに違いないでしょう。

3　甥・姪の登場

　直系尊属も兄弟姉妹も亡くなっていたとしても、安心はできません。兄弟姉妹の子がいる場合には、その甥や姪が兄弟姉妹の相続権を引き継ぐことになるからです（代襲相続、民法第889条、第887条）。甥や姪とは長い間会っていないことも多いでしょうし、人数も多くなることがありますから、甥や姪たちとの話し合いはなおさら難しくなります。なお、あなたが亡くなる前に甥や姪が死亡している場合には、甥や姪の子には相続権は引き継がれません（兄弟姉妹の代襲相続は一代限りです）。

4　対策

　直系尊属と異なり、兄弟姉妹や甥、姪には遺留分がありません。ですから、直系尊属がいない場合には、全財産を妻に譲るという内容の遺言さえ残しておけば、兄弟姉妹には相続権がなくなり、すべての財産を確定的に配偶者に残すことができます。ただし、夫婦のどちらが先に亡くなるかわかりませんので、ご夫婦が同時に遺言書を作成されるべきでしょうし、配偶者の片方がお亡くなりになれば、その時点で遺言書を書きなおされるようお勧めしています。

関連項目　テーマ1

テーマ14

内縁の夫婦の落とし穴

設問 私は夫と40年間一緒に住んできましたが、事情があって籍を入れていません。私と夫との間には子もいませんが、夫には兄がいます。もし夫に何かあった場合、どうなるのでしょうか。

回答 内縁関係は法律的に保護されていないので、このままでは、あなたは夫の財産を相続することができません。もっとも危険なパターンといえるでしょう。

解説

1 内縁の配偶者の地位

　配偶者は常に相続人になりますが、内縁の妻、内縁の夫は法律上「配偶者」として扱われません。したがって、夫が亡くなった場合でも、あなたにはまったく相続権がなく、たいへん危険な状態だといえます。したがって、夫の死後、夫の財産を引き継ぎたいと思うのなら、夫婦として籍を入れるか、生前に財産の名義を移転してもらうか、あるいは、死亡した場合には財産を譲るという内容の遺言書を書いてもらう必要があります。

2 財産分与

　相続権はなくとも、夫婦として長年生活してきたのだから、夫の財産を夫婦共有財産とみなして、財産分与として半分くらいはもらえるのではないかと考えても不思議はありません。ところが、財産分与（民法第768条）は法律上の夫婦に与えられた権利であり、内縁の妻が当然に請求できるものではありません。そして、相続が起こったときには、相続の規定が優先するため、相続権者が１人でもいれば財産分与も請求できないのです。本件では、夫の法定相続人である兄が存在しますから、そ

の兄が夫の相続財産を総取りすることになり、あなたには何の権利もないことになります。したがって、あなたは何ももらえないまま、夫名義の家を追い出されるかもしれません。

3　特別縁故者

　夫の法定相続人が一人もいない場合なら、あなたは特別縁故者（民法第958条の3）として夫の相続財産の全部または一部を受け取れる可能性があります。ただし、その場合でも、あなたは、費用を負担して家庭裁判所に相続財産管理人の選任を申立て（民法第952条）、その手続を待たなければなりません。

4　遺族年金・死亡退職金

　これに対して、遺族年金受給者としての「配偶者」には内縁関係も含まれますので、年金を受け取ることができます。また、勤務先からの死亡退職金についても、就業規則の定め方によっては、受け取ることができるケースがあります。

5　「そのうち、ちゃんとするから」

　内縁関係にはそれなりの事情があるはずです。しかし、内縁の夫から「そのうち、ちゃんとするから」と言われても、あてにしてはいけません。内縁は非常に不安定な関係ですから、籍を入れないなら、すぐにでも遺言書を書いてもらうべきでしょう。

関連項目　　テーマ1・31

テーマ15

再婚の夫婦

設問 私は前妻と離婚して今の妻と再婚しましたが、前妻との間には子どもが2人いて、今の妻との間には子どもがいません。相続について気をつけることはありますか。

回答 再婚も、相続争いが起こりやすい要因のひとつです。子がいない夫婦、内縁の夫婦と同様に、遺言書を作成されることをお勧めします。

解説

1 法定相続人

離婚した前妻は、あなたが亡くなった場合の相続人にはなりません。あなたの相続人は前妻との間にもうけた子どもたちと再婚した妻（後妻）で、その相続分は再婚した妻が1／2、子どもたちも1／2となります。

2 紛争の種

前妻の子どもたちからすると、父親が自分たちの母親と離婚して別の女性と再婚することは、あまり気持ちのよいものではありません。その女性の存在が、実の母親（前妻）との離婚原因になった場合はなおさらです。また、離婚後相当の年数を経て再婚した場合でも、父親に相応の財産がある場合には、後妻が財産をねらって再婚したのではないかと疑われてしまいます。さらに、再婚相手（後妻）にも子どもがいて、その子どもを養子にした場合には、その分だけ前妻の子どもたちの相続分が減りますから、さらに反感を買うことになりかねません。

それでも、父親が元気なうちは感情的な対立は表面化しにくいのですが、父親が亡くなればそれまでの不満が一気に噴き出します。したがって、前妻との子どもと後妻が相続人になるケースでは、相続争いを避け

るために、ぜひ遺言書を書くべきでしょう。

3 後妻への生前贈与

さて、再婚した父親が、後妻の将来の生活を保障するため、不動産や預貯金などを後妻名義に変えること（生前贈与）がよくあります。そして、前妻の子どもたちに対する配慮として、遺留分を上回る財産を相続させる内容の遺言書を書いておくわけです。

ところが、父親の再婚後、前妻の子どもたちは実家から足が遠のくのが普通です。そうすると、子どもたちからは父親夫婦の生活が見えないため、後妻が父親から莫大な財産をもらい、それを隠しているのではないかと疑います。そして、生前贈与は特別受益（民法第903条）にあたれば相続財産に持ち戻しされ、遺留分の基礎にも算入されますので（民法第1030条）、たとえ遺言書があっても、生前贈与の価値をめぐっての争い（遺留分減殺請求）が起こる可能性があるのです。こうなると、必要以上に紛争が長期化し、後妻のためにも子どもたちのためにもなりません。

4 対策

こうした不毛な争いを避けるためには、日ごろから前妻との間の子どもたちにも連絡をとり、同じように生前贈与もし、後妻や後妻との間の子どもたち（養子を含む）に生前贈与した事実も隠さず正直に資料を開示して説明しておくのが賢明です。また、それができないなら、せめて遺言書に生前贈与の一覧を記載するとか、遺留分を確保していることを具体的に書き添えるなどの工夫が必要でしょう。

関連項目　テーマ25

テーマ16

条件付き遺言

設問 二男は障害者で１人で生活できません。私が死んだときに妻が生きていれば妻に全財産を相続させ、妻が死んでいれば、「二男の面倒をみること」を条件として長男に全財産を相続させる遺言を残したいのですが、こうした条件は有効でしょうか。

回答 条件付きの遺言も有効ですし、一定の目的にしたがって財産を管理させる遺言信託という方法もあります。ただし、これらも万能ではありません。

解　説

1　条件は具体的に

　「妻が生きている場合には妻に、妻が亡くなっていたら長男に相続させる」というような単純な条件を付けた遺言は有効ですし、お勧めできます。これに対して、「長男が結婚していたら」とか「家業を継いでいたら」といった条件を付けた遺言も一応有効ですが、内容が抽象的で条件の成否を確定できない場合があるため、実務的にはお勧めできません。

2　条件付遺言だけでは不十分な場合

　さて、遺言で「障害をもつ二男の面倒をみること」という条件を付けることもできますが、この条件も内容が抽象的ですし、将来に関するものですから、相続開始時点では長男が条件を満たしてくれるかどうかわかりません。この場合だと、二男の面倒をみるみないかにかかわらず、いったん長男が全財産を相続しますので（遺留分の問題は残ります）、それも覚悟しなければなりません。つまり、こうした条件をつけるのなら、事前に長男と二男の生活について話し合い、条件（負担）の内容を具体的に記載する工夫が必要なのです。また、なにより二男の生活が心配な

ら、生前に第三者の成年後見人をつけておくとか、むしろ二男に多めに相続させるという方法（二男に配偶者や子がなければ、最終的には長男一家に財産が承継されます）を検討してみるべきでしょう。

　なお、これと同じ内容について負担付遺贈（民法第1002条）であることを明記した遺言を残せば、相続人（二男）には負担の履行請求権や（遺贈に関する部分の）遺言の取消請求権が認められますが（民法第1027条）、現実的な効果はあまり期待できません。

3　遺言信託

　条件付き遺言のほかにも、遺言者の目的を反映させる方法として「遺言信託」があります（信託法第3条）。たとえば、遺言で、第三者である受託者（通常は信託銀行）に相続財産の半分を信託し、長男ではなく受託者から二男（受益者）に対して、毎月定期金を給付してもらうのです。財産を相続させたい者が年少だったり、認知症が進んでいたり、障害があるというように財産管理能力に疑問がある場合には、遺言信託は合理的な方法のひとつといえるでしょう。

　もっとも、信託銀行をはじめとする金融機関が宣伝している「遺言信託」という言葉は、この意味にとどまりません。つまり、信託銀行等は、遺言書作成や遺産整理業務（たんなる遺産分割手続の代行）などもひっくるめた商品として、「遺言信託」という言葉を用いているのです。したがって、信託法に定められた「遺言信託」はやはり例外的な方法で、あまり利用されていないのが実情です。

4　遺言書の作成

　遺言相続に関する情報が氾濫し、条件付き遺言や遺言信託を利用すれば、遺言者の希望をなんでも叶えられると思われがちですが、抽象的あるいは複雑な条件はかえって紛争の元です。問題が起きない具体的な条件を内容とする遺言書を作成するのは簡単なことではありませんから、インターネットで手に入れた知識や口あたりのよい宣伝文句に惑わされず、必ず弁護士に相談されることをお勧めします。

関連項目　　テーマ47

テーマ17

行方不明の相続人

設問 兄は5年前に事業に失敗してから行方不明で、どうしているのかまったくわかりません。こんな場合、親が亡くなるとどんな問題が起きるのでしょうか。

回答 お兄さんが音信不通のまま相続が開始し、遺言もない場合には、不在者財産管理人の選任を申立てて遺産分割協議をすることになります。

解 説

1 遺産分割協議

　遺言がない場合に遺産分割するには、相続人全員による遺産分割協議が必要で、相続人の中に行方不明者、音信不通者などがいても除外できません。したがって、相続人の1人とでも連絡がつかず、遺産分割協議がまとまらなければ、被相続人の預貯金などの解約払戻しが受けられませんし、不動産の移転登記もできず、たいへん困ったことになります。そこで、法律は不在者財産管理人の制度を用意していますが、あまり使い勝手がよいとはいえません。

2 不在者財産管理人

　不在者財産管理人とは、従来の住所等を去った者が財産の管理人を置かず、行方も分からない場合に、利害関係人からの申立てによって家庭裁判所が選任する管理人のことです（民法第25条）。不在者財産管理人は、不在者に代わってその財産を管理する権限を持ちますから、不在者財産管理人をお兄さんの代理人とみなして遺産分割協議を行うことができるのです。

3　不在者財産管理人の選任申立て

　不在者財産管理人の選任を申し立てるには、まず、その人が本当に行方不明なのかを明らかにする必要があります。具体的には、まず、住民票の住所に本人がいないことなどを証明しなければなりません（連絡がつく海外在住者は不在者とはいえませんので、原則として申立てできません）。つぎに、申立てにあたっては、申立費用とは別に20万円から30万円程度の予納金を裁判所に収める必要があります（金額は各地の裁判所によっても異なりますので、直接確認して下さい）。なお、予納金は、不在者の財産が十分にあれば還付されますが、不在者の財産がわずかしかない場合は戻ってこないことがあります。また、遺産分割のために不在者財産管理人に選任されるのは不在者と利害関係がない人で、通常は弁護士が選ばれます。申立から選任まで約2か月から3か月とみておいて下さい。

4　不在者財産管理人を含めての遺産分割協議

　不在者財産管理人は不在者の財産を守るのが仕事ですから、遺産分割協議でも、原則として法定相続分に従った遺産分割を求めるでしょうし、不在者にとって著しく不利な条件での遺産分割に同意することはありません。また、不在者財産管理人が遺産分割協議等をする場合には家庭裁判所の許可が必要になります。したがって、不在者財産管理人が選任されても、家族が望むような遺産分割を実現できるとは限りません。

5　遺言の活用

　お兄さんが7年以上生死不明の状態なら失踪宣告（民法第30条）も選択肢になりますが、多少でも生きている可能性があるならお勧めできません。結局、行方不明や音信不通の法定相続人がいる場合は上述のように複雑な手続が必要になりますが、遺言さえあればこの面倒を背負い込むことはないので、ぜひご両親に遺言書を残すよう頼んでおかれるのが賢明です。

テーマ18

事業承継と相続

設問 私が死んだら会社を長男に継がせたいのですが、どうしておけばいいですか。

回答 きちんと事業承継の対策を取らないと、会社支配をめぐる内紛が起きたり、相続税負担で事業が傾くなどの危険がありますので、専門家に相談しながら計画的に対策を進めましょう。

解説

1 会社支配権の確保

　会社を長男に継がせるには、会社株式の議決権の1／2以上（できれば2／3以上か全部）を長男に持たせ、事業に不可欠な不動産などの財産も持たせて、長男が会社の支配権を確保できるようにすることが大切です。

　問題は他の相続人の遺留分です。長男に持たせる株式等の評価額が他の相続人の遺留分を侵害する場合、遺留分減殺請求されると長男への権利移転の効果が遺留分侵害の限度で否定されます。生前贈与しても特別受益として遺留分計算の基礎財産になります。さらに、相続発生時の評価額によるため金額が確定せず、会社が成長するほど評価額が高くなるため、事業意欲を削ぎかねません。

　このような状況を避けるには、①生前に贈与でなく相当の対価で譲渡する方法、②平成20年に施行された中小企業経営承継円滑化法による遺留分の特例を用いる方法があります。円滑化法の特例は、一定の要件を満たす後継者が、遺留分権利者全員との合意と経産大臣の確認、家庭裁判所の許可により、生前贈与株式を遺留分算定の基礎財産から除外し、生前贈与株式の評価額を合意時点で固定させる、という画期的な制度ですが、手続が複雑なせいか実務的にはきわめて件数が少ないのが実情です。なお、会社法には事業承継における支配権確保に有効な制度があり

ますので、自己株式の売渡請求制度、種類株式などについて、専門家に確認して下さい。

2 事業承継の資金確保

つぎに、相続税や遺留分減殺請求分など、事業承継に伴う必要資金の手当ても重要です。非上場株式等の納税猶予制度、特例融資、各種保険の活用などが考えられます。

納税猶予制度は、円滑化法の認定など一定の要件の下、後継者に非上場株式等に係る相続税や贈与税の一部の納税を猶予する制度で、会社株式の相続税では議決権の2／3までが対象です。また、特例融資には、円滑化法に基づく経産大臣の認定を前提に、後継者である代表者個人にも日本政策金融公庫からの借入を認めるものや、事業承継に伴う会社の資金需要について中小企業信用保険法の特例を認めるものがあります。

そのほか、相続時精算課税制度を用いると、生前贈与時の評価額を用いることができます。65歳以上の親から20歳以上の子に対する贈与について2500万円まで贈与税を課さず、超過金額も20％の贈与税とし、相続発生時に贈与時の価額による相続税を計算して不足額を納める制度です。

3 株式の評価

事業承継対策の前提として、資産負債をリスト化して価額を評価することも重要です。特に株式評価額の算定は重要です。取引相場のない株式の評価は、特定の評価会社（持株会社等）かどうか、同族株主の有無、会社支配への影響力、会社の規模などにより算定方式が異なります（類似業種比準方式、純資産価額方式、配当還元方式）。評価方法の概要を理解した上で、専門家に評価してもらいましょう。なお、会社の保証債務は長男が承継するようにすべきですし、後継者である長男の育成や関係者の理解を得る努力も不可欠です。

関連項目　テーマ44・54

テーマ19

相続債務の行方

設問 私には妻と長男、二男がいて、私名義の自宅（時価3000万円）と1000万円の預金の財産がある一方、2000万円の借金があります。私が死んだら、この借金を誰に引き継がせるか決めておくことはできますか。

回答 借金（債務）について誰に引き継がせるかあなたが決めたとしても、貸主（債権者）に対しては主張することはできません。

解説

1 分割債務の原則

　相続人は、被相続人の一身に専属したものを除き、被相続人の権利義務一切を承継します（民法第896条）。したがって、あなたが亡くなれば借金も自動的に相続人に引き継がれますし、借金は分割可能なので、相続人が複数いる場合には、その法定相続分に従って当然に分割して承継されます（分割債務の原則）。ですから、このケースでは、自動的に奥さんが1000万円、長男と二男は各500万円の債務を相続することになります。

　もっとも、このケースで、長男が自宅を取得する代わりに2000万円の債務全額を引き受けるという（債務承継者の合意を含む）遺産分割協議を成立させることもできますし、あなたがこれと同様の（債務承継者の指定を含んだ）遺言をすることも可能です。

2 債権者の同意

　しかし、債権者からみれば、誰が貸金を支払ってくれるのかは重要な関心事です。長男が全部引き受けるといっても、その長男に資力がなければ不測の損害を受けることになりかねません。したがって、前述のよ

うな遺産分割協議や遺言による債務承継者の指定は、債権者が同意していない限り、相続人から債権者に対しては主張できない（対抗できない）ことになります。つまり、債権者は、法定相続人に対して法定相続分どおりの債務の履行を求めるか、遺産分割協議や遺言による相続債務の承継割合を認めて請求するかを選択できるのです。なお、この借金が自宅の住宅ローンなら、通常、債権者は自宅に抵当権を設定して十分な担保を取っていますから、原則として、相続人間の債務に関する合意や債務の承継に関する遺言の内容を尊重してくれるはずですが、かといって、その他の相続人に対する債権を放棄してくれたわけではありません。

3　負担付遺贈

　なお、債務の承継人の指定に代えて、遺言で負担付遺贈（民法第1002条）をする方法もあります。負担付遺贈とは、一定の義務を負担させることを条件として受遺者に財産を遺贈するものですが、受遺者は遺贈を放棄することができますし、その責任も遺贈の目的の価額の範囲内とされていますから、遺贈する財産が義務（債務）を上回っていなければ意味がありません。また、負担付遺贈でも債権者の同意が必要であることは変わりません。

　ただ、負担付遺贈の受遺者が義務を履行しないときは、相続人は履行の催告をすることができ、それでも改善されないときには家庭裁判所に対して遺贈の取消を請求できます。したがって、たとえば負担付遺贈によって自宅を取得した長男が債務の支払を滞納し、ほかの相続人が債権者から借金（法定相続分）の履行を求められたような場合には、長男に対して履行を催告し、最終的には遺贈の取消を求めることができることになります。

関連項目　　テーマ29

テーマ20

相続財産の範囲

設問 姉は、亡父の預金や亡父名義の賃貸住宅からの賃料を取り込んでいます。遺産分割の調停や審判では、これらの財産は話し合いの対象にできないのですか。

回答 よく誤解される点ですが、預金や賃料などに関する問題は相続人全員が同意しないと遺産分割手続（調停・審判）の中では解決できず、別途、裁判する必要があります。

解説

1 相続財産の範囲

　被相続人の財産は、被相続人の一身に専属するものを除いて相続の対象となりますが、実は、相続される財産がすべて遺産分割の対象となるわけではありません。とくに、判例は、「預金等の金銭債権」は可分債権であり、遺産分割協議を待つまでもなく相続開始とともに当然分割され各相続人に法定相続分に応じて帰属するとしています（可分債権当然分割論）。したがって、たとえば相続開始時に存在するお父さん名義の預金（金融機関に対する預金返還請求権）は、相続財産ではあっても遺産分割する必要がないのです。また、相続開始前に、お父さんの意思によらず、お姉さんが勝手に自分名義に変更していた預金や、お姉さんが勝手に取得していたお父さんの不動産からの賃料も、法律的には、あなたがお父さんから不当利得返還請求権（可分債権）を相続することになるので、やはり当然分割されることになります。以上に対して、相続開始後に発生した賃料収入は、相続開始時には存在していないのでもともと相続財産ではなく、各相続人が相続分に応じて取得します。

2　調停と審判における預金等の取扱い

　このように、預金等の金銭債権は遺産分割の対象とならないため、預金だけが遺産の場合には遺産分割調停の申立てができないのが原則ですし、それ以外の相続財産（不動産など）がある場合でも、調停を始めるにあたり、相続人全員が同意してはじめて、預金等の金銭債権や賃料収入を協議対象とすることができます。遺産分割調停では何でも協議できるはずだから、このような取り扱いはおかしいと感じられるかもしれませんが、少なくとも調停が不成立となって審判に移行した場合には、たとえ当事者が合意していても、預金等の金銭債権や賃料収入は審判対象にならないと考えておくべきです。

　ただし、お姉さんが調停で被相続人の預金や賃料を協議対象とすることを拒み、あるいは遺産分割審判に移行した場合でも、お姉さんが取得した金額を立証できるのなら、不当利得返還請求などの訴えを提起する前に、お姉さんの本来の取得分から先行取得した預金等を控除した遺産分割の審判を求めると主張するべきだと考えます（先行取得論）。

3　不当利得返還請求

　遺産分割手続に関与する裁判官が先行取得論を認めないなら、あなたは、別途、不当利得返還請求の民事裁判を起こして、お姉さんが取り込んだ預金や賃料のうち、あなたの法定相続分に相当する金額について返還を求めるしかありません（不法行為に基づく損害賠償と構成することもありますが大差ないです）。もっとも、これらの裁判のために証拠収集し、ご自身で裁判を起こすのはたいへんですから、できるなら調停段階で話をつけるべきでしょうし、かりに預金や賃料などの問題があって紛争が予想される場合には、最初から弁護士に依頼されることをお勧めします。

関連項目　　テーマ１０

テーマ21

遺産分割を放置していると

設問 約30年前に母が亡くなりました。私は二男ですが、兄・弟と仲が悪く、実家についても遺産分割しないまま放置しています。このままでいいのでしょうか。

回答 遺産分割を放置している例がよく見受けられますが、そのままにしておくと数次相続が生じます。問題は複雑になる一方ですから、早めに遺産分割して下さい。

解説

1 新たな相続の発生

　お父さんが先に死亡されているとして、お母さんの法定相続人が長男、二男、三男だけだとすれば、各相続人は1／3ずつの法定相続分をもち、お母さん名義の実家の不動産についても、3人が共有していることになります。しかし、長年この状態を続けると、相続人（子どもの誰か）が亡くなることもあるでしょう（実務上、「数次相続」といいます）。そうすると、さらにその相続人が相続分にしたがって実家の不動産を共有することになり、これを売却処分するためには、その全員の同意が必要となります。しかし、共有者間には交流も面識もないことが多く、共有者の中に海外在住者や行方不明の方がいれば、なおさら物件を処分することが難しくなります。したがって、相続が生じたら、早めに相続人間で遺産分割協議するべきですし、それができないなら遺産分割調停を利用して遺産分割しておくべきです。

2 相続開始時による法定相続分の相違

　設例では「約30年前」としていますが、昭和55年の民法改正により、昭和56年1月1日以降の相続と昭和55年12月31日までの相続では、（と

くに配偶者の）法定相続分が異なります。たとえば、お母さんが昭和55年12月31日以前に死亡した場合で、かつお父さんがそのときに存命だった場合、お父さん（配偶者）の法定相続分は1／3で（改正後なら1／2です）、3人兄弟の法定相続分は各2／3×1／3＝2／9となります。そして、その後、お父さんが死亡し、これも兄弟3人が均等に相続したのなら、（2／9に1／9を加えて）1／3ずつの共有するという上記の結論は変わりませんが、長年放置している場合には、このように、相続開始時によって法定相続分が変わることにも注意が必要です。なお、昭和22年5月2日までに相続が開始した場合は、旧民法により家督相続制度が適用されますが、実務上は、このような相続もよく問題になっています。

3　不当利得返還請求権と時効

　さて、お母さんの相続財産の中に賃貸用の不動産があった場合、この不動産から生じる収益（賃料）は相続財産に含まれず、相続人が法定相続分に応じて（分割債権として）取得することになります。この賃料を長男が受領し続けていたなら、あなたは長男に対して、その1／3の金額の返還を求めることができますが（不当利得返還請求）、この請求権は、債権発生のときから10年で消滅時効にかかります。したがって、長男から時効を主張されると、直近10年分の賃料部分（1／3）しか返してもらえなくなります。

　逆に、長男から、お母さん名義の不動産の固定資産税・都市計画税を支払い続けてきたことを理由としてその1／3の負担を求められた場合は、あなたも時効を主張して、10年以上前の負担部分については返還を拒むことができます。

関連項目　　テーマ12・20

テーマ22

賃貸人の地位の相続

設問 父が死亡しましたが、相続財産の中には貸しビルがあります。相続では何が問題になるのでしょう。

回答 遺産分割協議が終了するまでは貸しビル（賃貸マンションも同じ）は相続人の共有になりますが、賃料、修繕、ローンの支払い、遺産分割方法などに注意が必要です。

解説

1 賃貸人の地位の承継と賃料収入の帰属

　お父さんの相続人が複数いるなら、遺産分割（協議・調停・審判）が成立するまでは、貸しビルは法定相続人の共有となります。そして、遺産分割が成立すれば、これによって貸しビルを取得した相続人が、相続開始時（死亡時）に遡って貸しビルを相続したことになり、テナント（借家人）に対する賃貸人としての地位を承継します。

　借家人からの賃料については、相続開始後、遺産分割協議が成立するまでに生じた賃料収入は相続財産にあたらず、相続人が法定相続分に応じて取得します。お父さんの生前に蓄えられた賃料収入についても、結論は同じです（可分債権当然分割論）。したがって、遺産分割によって貸しビルを取得した相続人が賃料を独占できるのは、遺産分割の時からということになります。

2 借家人に対する賃貸人としての義務

　借家人に対する義務については、相続開始後、遺産分割までの間、法定相続人全員は、共有者（賃貸人）として、借家契約上の修繕義務やエレベータの保守契約上の義務等を負うことになります。相続人の1人がこの義務を履行した場合は、他の相続人に対し、その持分割合にしたがっ

て求償できます。

3　相続債務の処理に関する問題点

　問題は、貸しビルに関する相続債務がある場合です。かつては、節税目的で、地主さんが金融機関から多額の融資を受け、貸しビルや賃貸マンションを建築する事例がよく見受けられました。このような借入金債務が相続債務として残っているなら、それは法定相続分どおりの割合で相続人に承継されます。もちろん、遺産分割協議では債務を承継する者を決めるでしょうし、それは相続税申告のためにも必要な作業ですが、相続人間での債務承継者の合意は、債権者の同意がない限り、債権者に対抗できません。とくに危ないのは、貸しビルに空室が多く、改装改修もままならず、貸しビルの価値が下落してオーバーローン（売却換価しても抵当権の被担保債権額に満たないこと）になっている場合です。こうした場合、金融機関に対して債務承継者に関する相続人間の合意書面を差し入れ、金融機関がこれを認めているように見えても、債務支払いが滞れば、金融機関から法定相続人全員に対して法定相続分に応じた弁済を求められる可能性があります。

4　現物分割の問題点

　貸しビルを誰が取得するかは遺産分割協議で決められますが、まれに、代償分割や換価分割ではなく、１棟の貸しビルに複数の区分所有権を設定し、兄弟姉妹がそれぞれの区分を所有して収益を得るといった分割方法（現物分割）をとる例があります。しかし、この方法では、将来、建物の管理方法（電気・ガス・水道・清掃・エレベータ保守）や大小修繕の費用をめぐって紛争が起きやすいので、できるかぎり避けるべきです。

5　早めの相談を

　以上のように、相続における貸しビルや賃貸マンションの処理は予想以上に複雑です。さらに、この問題は、遺産分割を先延ばしにするほど清算が困難になり、もめる原因になりますので、早めに弁護士等の専門家に相談されることをお勧めします。

　関連項目　　テーマ１２・１９

テーマ23

借地権の相続

設問 父は借地上に所有する建物に住んでいましたが、先般亡くなりました。その後、私は父の家に住むようになりましたが、地主から「一代限り」の約束だから建物を取り壊して出て行くよう求められました。このまま住み続けることはできますか。

回答 地主からの立退き請求に応じる必要はありませんが、ほかにも相続人がいる場合は権利関係が複雑になりますので、早く遺産分割を成立させておくべきです。

解 説

1 借地権の相続

相続人は被相続人の財産に属した一切の権利義務を承継し、お父さんと地主の間で結ばれていた建物所有を目的とする土地賃貸借契約（借地契約）の借地人の地位（このうち借地人の権利が借地権です）を当然に引き継ぎます。したがって、地主に借地契約の承継を承諾してもらう必要はなく、名義変更料を要求されても支払う義務はありません。

つぎに、借地契約の中に「一代限り」にするという合意があっても、それは借地権の存続期間を30年以上とする借地借家法第3条に反し、借地権者に不利な特約として無効となります（同法第9条）。したがって、地主は「一代限り」との合意を理由として、借地契約の終了を主張することはできません。なお、平成4年8月1日以前に始まった借地契約には旧借地法が適用されますが、結論は変わりません。

2 借地契約の存続期間

「一代限り」の約束が無効で、ほかにも有効な借地期間の定めがなければ、地主と借地人は借地権の存続期間を定めなかったことになります。

そして、その場合の存続期間は、旧借地法が適用される場合だと、堅固な建物所有のための借地権で60年、その他の建物所有のための借地権で30年（旧借地法第2条）になり、借地借家法が適用される平成4年8月1日以降の借地契約だと30年（借地借家法第3条）となります。したがって、お父さんの借地契約の開始時からこの期間を数えることになりますが、かりにその期間を経過していても、借地契約は自動更新されている可能性があります。なお、更新の場合の存続期間は、旧借地法の場合は堅固な建物所有のための借地権で30年、その他の建物所有のための借地権で20年となり（旧借地法第5条、第6条）、借地借家法が適用される場合には最初の更新で20年、それ以後の更新で10年（借地借家法第4条）となります。もっとも、存続期間が満了する場合でも、地主に「正当事由」が認められなければ更新拒絶はできませんから、必ず明け渡さなければならないというわけではありません。

3　ほかに相続人がいる場合

しかし、あなた以外の相続人がいる場合には、あなたが自宅建物と借地権を相続する内容の遺産分割をしておかないと、建物は共有となり、借地権は相続人全員に準共有され、賃料支払い義務は不可分債務になります。この場合の法律関係はたいへん複雑ですが、とくに相続開始後に他の相続人の承諾なく借地上の建物に居住しはじめた場合には、他の相続人からは地主からの立退料を受け取るのが目的ではないかと疑われ、場合によっては、遺産分割前の建物占有による利益について不当利得返還請求されたり、明渡しを請求される場合があります。したがって、この場合は地主よりも共同相続人との関係に注意する必要があるので、早めに自宅不動産に関する遺産分割協議を行っておくべきでしょう。

テーマ24

特別受益

設問 私の弟は父から飲食店開店資金として900万円を出してもらい、妹も結婚費用200万円を援助してもらいました。一方、私は父から援助を受けたことは一切ありません。父の遺産は3000万円でしたが、このような場合でも相続権は同じですか。

回答 何が特別受益にあたるかは、贈与金額、遺産総額、他の相続人との衡平、被相続人の経済状況などを考慮して判断されます。

解説

1 特別受益

遺言による相続分の指定がない場合、兄弟の法定相続分は均等ですが、特別受益がある場合には具体的相続分として修正されます（民法第903条）。すなわち、被相続人から遺贈を受け、又は婚姻若しくは生計の資本として贈与を受けた者があるときは、「被相続人が相続開始の時において有した財産の価額にその贈与の価額を加えたもの」を相続財産とみなし、これを法定相続分率で割った相続分を算出し、この相続分から遺贈又は贈与（特別受益）の価額を控除した残額が具体的相続分とされます。

2 婚姻又は生計の資本

特別受益となるのは「遺贈」と「婚姻又は生計の資本」ですが、後者は被相続人の資産収入や家庭事情なども勘案して決められます。ひとくちに「結婚費用」といっても、新婚旅行や挙式の費用のように一時的に費消するものから、持参金・支度金や家財購入費など生計の資本としての色合いが濃いものまでいろいろとあり、一概にはいえませんが、かりに挙式費用として200万円を出したとしても、遺産が3000万円あるな

ら、特別受益にあたらないとされることが多いでしょう。

　一方、この例で、お父さんから弟さんに対する飲食店開業資金900万円は、「生計の資本」として贈与を受けたと認定される可能性が高いと考えられます。この場合には、お父さんの相続財産は、3000万円に900万円を加えた3900万円とみなされ、3人の子の具体的相続分は各1300万円となり、すでに特別受益を受け取っている弟さんの具体的相続分は1300万円から900万円を引いた400万円となります。

3　特別受益の認定について

　特別受益の主張については、寄与分と異なり、独立してその存在を認定するための手続は用意されていません。したがって、家庭裁判所の調停や審判の中で、他の共同相続人に特別受益があると主張することになりますが、どうしても古い話が多く、証拠もなく、両親のどちらから贈与されたのかさえはっきりしなかったりするので、司法統計によれば、特別受益を主張した場合でも1割程度の件数しか認められていません。特別受益が認められるはずだと思っても、贈与を受けた相続人自身が認めていないなら、金銭の流れについてのしっかりした証拠がなければ、期待はずれに終わる可能性が高いと考えて下さい。

4　持戻し免除

　なお、被相続人が、相続人に対して行った贈与などを遺産に加えて（持戻しといいます）具体的相続分を出すという特別受益の計算方法に反対であれば、その旨の意思表示をしておくことができます（持戻しの免除）。ただし、この意思表示は遺留分を侵害しない範囲でのみ効力をもつので、遺留分を侵害する部分は、やはり特別受益として考慮されることになります。

関連項目　　テーマ25・27・28・45

テーマ25

生前贈与の問題点

設問 相続でもめないように、先に長男に自宅を譲っておこう（生前贈与）と思いますが、問題があるでしょうか。

回答 生前贈与は、自宅を長男に残すために有効な方法ですが、相続開始後に特別受益として問題になったり、遺留分減殺請求されることもあるので、十分な注意が必要です。

解説

1 他の相続人への説明

相続でもめないように、とのことですが、生前贈与したため、かえってもめることがあります。長男一家に老後の面倒をみてもらうといったご事情があるのでしょうが、それなら、他の相続人に生前贈与の理由となる事情を理解してもらっておくべきです。

2 特別受益の可能性

あなたが遺言を残さないまま亡くなれば、相続人は遺産分割協議や調停によって遺産分割しますが、その際に、長男以外の相続人から、生前贈与が「特別受益」にあたると主張される可能性があります。これが認められれば長男の具体的相続分は減り、特別受益の価額が長男の相続分に等しいか超える場合（後者の場合を超過受益者といいます）には、長男は相続財産からは何ももらえません。ただし、自宅は遺産分割の対象ではなく、超過受益者にも超過分の返還義務がないので、遺産分割手続によって長男が自宅を失うことはありません。

なお、あなたが自宅の生前贈与は相続分の前渡しの趣旨ではなく、生前贈与した自宅を除外して兄弟間で遺産分割してほしいと考えるなら、贈与した自宅を相続財産に戻す必要はないという意思表示（持戻しの免

除）をすることができます。これは遺言でもできますが、遺言書を書かない場合でも必ず書面に残しておいて下さい（ただし、持戻しの免除は遺留分を侵害しない範囲でしか効力をもちません）。

3 遺留分減殺請求の可能性

さらに、自宅が唯一の財産だったような場合には、遺言のあるなしにかかわらず、長男以外の相続人は、生前贈与された自宅を遺留分の算定根拠に加え、長男に対して遺留分減殺請求権を行使する可能性があります。この場合には、遺留分侵害の割合に相当する持分が遺留分請求権利者に復帰して自宅は共有となりますので、これを解消するため、長男から価額弁償の申出（民法第1041条）をする必要があります。なお、長男が相続放棄すれば最初から相続人でないことになりますが、遺留分減殺請求権は、相続人以外の者に対してでも、1年以内の贈与や当事者が遺留分を侵害することを知って行われた贈与について請求できますから（民法第1030条）、結論は大きく変わりません。したがって、とくに唯一の財産（自宅でも株式でも同じです）を生前贈与する場合には、長男が遺留分侵害部分を弁償できるだけの資金を用意しておく必要があるでしょう。

4 相続時精算課税制度の利用

さて、相続によって取得した財産には相続税がかかり、生前贈与によって取得した財産には贈与税がかかります。現行税制を前提とする限り、贈与税の基礎控除額は相続税の基礎控除額よりもはるかに低く、累進税率も贈与税の方がはるかに高いため、生前贈与は税負担面で不利になります。この点を調整するため、65歳以上の親から20歳以上の子に対して生前贈与をする場合に、2500万円の特別控除額を認め、これを超えた部分に一律20％の贈与税を課して、親の相続時に相続税と比べて精算するという相続時精算課税制度がもうけられていますので（贈与税の方が多ければ還付され、相続税額に足りなければ不足分を支払う）、検討をお勧めします。

関連項目　テーマ24・44・45・54

テーマ26

寄与分が認められる場合

設問 父が脳梗塞になってから4年間、私が家業の酒屋を切り盛りしてきました。それでも父が亡くなれば兄弟の相続分は同じですか。

回答 あなたの貢献が特別のものと認められるなら、遺産分割手続の中で寄与分が認められる可能性があります。

解説

1 寄与分の制度

相続人が相続財産の維持や増加に貢献した場合（特別受益と逆の場合）は、これを考慮して各相続人の具体的相続分を決めるのが公平でしょう。そこで、昭和55年民法改正で「寄与分」の制度が新設され、共同相続人の中に、被相続人の事業に関する労務の提供又は財産上の給付、被相続人の療養看護その他の方法により、被相続人の財産の維持又は増加について特別の寄与をした者（寄与者）があるときは、相続開始時の財産から寄与分を引いた財産が相続財産とみなされ（みなし相続財産）、寄与者は、その相続財産についての相続分と寄与分をあわせて取得することができることとされました（民法第904条の2）。

2 寄与分の要件

寄与分が認められるには、上述のように「特別の寄与」と、これと因果関係がある「相続財産の維持又は増加」が必要です。前者の要件のうち「療養看護」などは多くの方が思い当たられるでしょうが、「特別の寄与」とされる以上、通常のものでは足りず、顕著なものでなければなりません。この点は、①無償か否か、②社会通念上通常期待される程度を超えているかといった観点から判断されますが、夫婦や親子、兄弟姉妹なら互いに扶養義務がありますから、同居して面倒をみていたという事

実だけでは特別の寄与があるとは判断されません。また、設問のケースでも同様で、あなたが行った「被相続人の事業に関する労務の提供」が「特別の寄与」といえるためには、別の従業員を雇うより明らかに安い給料で働いたとか、勤務先を辞めて実家に戻ったといった特別な事情が必要になるでしょう。

3　寄与分の認定

寄与分を定めるには、相続人全員の協議によるか、家庭裁判所に寄与分を定める処分として調停または審判を申し立てる必要があります。寄与分の主張がある場合には、これを定めないと具体的相続分を算出できないため、寄与分の調停は遺産分割調停と並行し、寄与分を定める審判は遺産分割の審判と併合されることになります。そのほか、寄与分についての審判の請求時期など細かい制約がありますので、手続を確認する必要があります。

なお、審判では、家庭裁判所は、寄与の時期、方法、程度、相続財産の額その他一切の事情を考慮して寄与分割合を定めますが、上述のように要件が厳しいため、平成23年度の司法統計によれば、寄与分を認めた審判例は1割以下で、調停で寄与分を定めた例をあわせても約200件しかなく、相続財産の5割以上の寄与分割合が認められたのは10件にとどまりました。また、寄与分が争われる例の多くでは、相手方から特別受益を主張されるため（逆のケースもあります）、遺産分割手続が紛糾する傾向があります。

4　遺言と寄与分

以上から、相続開始後に寄与分を主張すればよいと考えるのは早計で、まだお父さんに遺言能力が残っているなら、寄与分を考慮した遺言書を作成してもらうべきでしょう。

なお、遺言ですべての財産の処分を定めておけば寄与分や特別受益を主張される余地はなくなりますが、遺言書を作成しても処分していない財産があると（一部遺言）、あらためて遺産分割手続が必要になり、寄与分についても問題となることがあります。

関連項目　テーマ24

テーマ27

生命保険の落とし穴

設問 長男にお金を残すため、長男を受取人にした生命保険をかけようと思いますが、何か落とし穴はありますか。

回答 生命保険のかけ方（受取人や保険金額）によっては、相続人間のトラブルを招くおそれがあるので、注意が必要です。

解説

1 生命保険の遺産性

判例上、生命保険（死亡保険金）請求権は受取人の固有の権利であり、相続財産（遺産）にはあたらないとされています。そのため、長男を受取人としておけば、長男は、ほかの相続人との間で遺産分割協議をすることなく、その死亡保険金を受け取ることができます。

2 特別受益になる場合

たとえば、あなたが特定の財産を長男に遺贈し、あるいは生前贈与した場合、将来の遺産分割の際には、この遺贈や生前贈与が長男への特別受益とみなされ、その価額を相続財産に戻したうえで各相続人の相続分を算出し、長男の具体的相続分については、特別受益分を差し引いて算定されることがあります（特別受益の持戻し）。

これに対して、生命保険（死亡保険金）請求権はあくまで受取人固有の権利であり、相続財産ではありませんから、本来、特別受益にはあたりません。もっとも、あなたが財産の大部分で保険料を支払った場合のように、長男とそのほかの相続人との間で看過しがたい著しい不公平が生じた場合には、例外的に特別受益の規定が類推適用され、死亡保険金請求権が相続財産に持戻しされるという判例もあります。したがって、遺産総額に比べてあまりに高額な生命保険をかけると、受取人以外の相

続人からこの点を主張され、トラブルを招くおそれがあるので注意が必要です。

3 生命保険の節税効果

死亡保険金は民法上の相続財産にはあたりませんが、税法上は課税対象となります。つまり、あなたが被保険者、契約者、保険料支払者で、長男が受取人の場合、死亡保険金は相続財産とみなされ（みなし相続財産）、相続税が課税されるのです。ただし、死亡保険金のうち、500万円に法定相続人の人数をかけた金額までは非課税となりますので、一定の節税効果を期待できます。

なお、保険料支払者があなたではなくあなたの配偶者（長男の母親）で、長男が受取人の場合には、生命保険金は配偶者から長男への贈与とみなされ、より税率の高い贈与税が課税されますので注意が必要です。また、保険料支払者も受取人も長男だった場合には、利益部分から50万円を控除した残額に対して一時所得として所得税と住民税がかかります。

4 相続紛争と生命保険

相続税の基礎控除を上まわる財産がある場合、相続対策というと真っ先に思い浮かぶのが節税でしょう。そして、生命保険には上記のような節税効果がありますし、死亡保険金は相続税の支払い原資にも充てられますから、たしかに魅力的な選択肢です。しかし、特定の相続人を受取人として多額の生命保険をかけると、他の相続人からは、受取人である相続人が生命保険を利用して相続財産の独り占めを図ったとか、財産隠しをされたと疑われるのは必定で、遺産分割手続に悪い影響を及ぼします。したがって、相続紛争を回避するためには、相続人を平等に扱って生命保険をかけるとか、生命保険による不平等に配慮した遺言を残すなど何らかの工夫が必要なのです。

関連項目　テーマ24・54

テーマ28

相続人以外への贈与

設問 父は兄の息子が私立医大に進学するための多額の援助をして、その孫だけをかわいがっています。父が亡くなった場合、私と兄の相続分は等しいのでしょうか。

回答 お父さんの相続について、共同相続人ではない孫への援助（生前贈与）は、原則として特別受益にあたらず、あなたとお兄さんの相続分は等しいことになります。

解説

1　特別受益の該当性

　被相続人から、相続人に対してではなく、その配偶者や子（孫）に対して生前贈与されることは珍しいことではありません。そのために被相続人の財産が激減することになれば、他の相続人が不満に思うのは当たり前です。

　しかし、特別受益に関する民法第903条は「共同相続人中に（中略）贈与を受けた者があるときは」と規定していますので、共同相続人ではない孫に対する贈与は、原則として特別受益にあたらないと考えるほかありません。それに、相続人以外の者に対する贈与まで特別受益に含めると、判断の対象が拡大して、いつまでも具体的相続分の確定ができなくなってしまいます。

2　遺産分割手続における特別受益の主張

　しかし、共同相続人の親族に対する贈与でも、実質的には、その相続人に対する「遺産の前渡し」の意味をもつ贈与とみるのが相当な場合もあるでしょう。ですから、個々の事案ごとに被相続人の意思を検討し、共同相続人の配偶者や子に対する贈与の利益が、その経緯、価値、性質

等により、実質的には被相続人から相続人に対する贈与と同視できる場合には、遺産分割手続（調停・審判）において、その贈与を特別受益として具体的相続分を定めるべきだと主張してよいと考えます。

3 特別受益を認めた例

この点、家庭裁判所の審判例でも、相続人の夫に被相続人から土地が贈与されたという事案につき、形式的に相続人が贈与の当事者ではないという理由で、ある相続人が受けている利益を無視して遺産の分割を行うことは、相続人間の実質的な公平を害することになるのであって、贈与の経緯、贈与されたものの価値、性質、これにより相続人の受けている利益などを考慮し、実質的には相続人に直接贈与されたのと異ならないと認められる場合には、たとえ相続人の夫に対する贈与であってもこれを相続人の特別受益と見て遺産の分割をすべきであると判断したものがあります。

ちなみに、この件では、贈与されたのは大部分が農地で、農業に従事していたのも相続人でした。そうすると、この贈与は、農業を手伝ってくれた相続人に対する謝礼の趣旨だったと考えられますし、相続人の夫を贈与の相手方としたのは、相続人の夫をたてたほうがよいという配慮からだと推測することができます。こうした事情から、このケースでは、直接相続人に生前贈与されたのと実質的には異ならないと判断されたのです。

4 そのほかの注意点

設問に戻って、お父さんの相続で遺留分が問題になる場合には、相続開始前1年間に行った孫に対する援助は、遺留分算定の基礎に算入することができます（民法第1030条）。

また、お兄さんがお父さんより先に亡くなっていた場合は、お父さんの相続について、贈与を受けた孫が代襲相続して相続人となりますが、お兄さんの死亡前に行われた贈与には遺産の前渡しという意味が認められないので、お兄さんの死亡後の援助（贈与）に限って特別受益となると考えるべきでしょう。

関連項目　テーマ24

テーマ29

相続放棄とは

設問 父が死んだと聞いて2カ月が過ぎました。父とは10年間音信不通でしたが、事業に失敗したので借金があるはずです。借金を相続したくなければどうすればいいですか。

回答 3カ月以内に相続放棄の手続をすれば債務を相続しません。ただし、相続放棄すると最初から相続人でなかったことになるので相続財産も受け取れません。

解説

1 相続放棄

被相続人に借金（相続債務）がある場合、その債務は、法定相続分どおりに分割されて各相続人に相続されます。しかし、相続放棄すれば、放棄した人はもともと相続人ではなかったことになり（民法第939条）、債務を引き継ぎません。ただし、相続放棄すると被相続人のプラスの財産（積極財産）を相続する権利もなくなること、いったん相続放棄をすると撤回できないこと、被相続人の財産の一部を処分した場合などは単純承認したものとみなされて相続放棄できなくなることには注意が必要です。

2 相続放棄の方法

相続放棄は、相続が開始した地（被相続人の最後の住所地）を管轄する家庭裁判所に申述書を提出する方法により行います。申述書の書式は家庭裁判所や家庭裁判所のホームページなどから入手できます。申述書の記載内容は難しくありませんし、市役所等で被相続人の住民票除票や相続人の戸籍謄本などの添付書類を入手することができ、管轄家庭裁判所が遠隔地でも郵送で手続できますので、ご自身で行っていただいて結

構です。

　なお、相続放棄は、被相続人の債権者等の立場に影響を与えますから、自分のために相続が開始したことを知った時から３カ月以内に行うことを要します（被相続人の財産調査のため、家庭裁判所に相続放棄期間の伸長を求めることはできます）。また、３カ月以上を経過してしまった場合でも、相続放棄の申述を受理してもらえることがありますので、その場合は弁護士に相談して下さい。

3　遺留分の放棄や相続分の放棄との違い

　相続放棄と間違えやすい概念として、「遺留分の放棄」や「相続分の放棄」があります。

　「遺留分の放棄」とは、本来遺留分をもつ法定相続人が、遺留分による権利（遺留分減殺請求権）を放棄することで、相続開始前に行う場合には家庭裁判所の許可を得る必要があります。他方、「相続分の放棄」とは、相続開始後に、相続によって得るプラスの財産（積極財産）についての具体的相続分を放棄することです。ただ、どちらも権利の放棄にすぎないので、相続放棄と違って、相続債務の承継を免れる効果はありません。

4　相続放棄の影響

　あなたが相続放棄すれば、あなたはお父さんの相続人にならず、あなたの子にも代襲相続は認められませんので、あなたの子どもは相続放棄する必要はありません。ただ、お母さんや兄弟（共同相続人）がいるなら、相続放棄を検討するよう連絡しておくべきでしょう。

　また、同順位の相続人全員が相続放棄すれば、次の順位にあたるお父さんの両親等直系尊属、それらの方がいなければお父さんの兄弟姉妹（死亡している場合はその子）が相続人となります。したがって、その方々も、債権者から請求を受けるときに備えて、先順位の相続人全員が相続放棄をしたことを知った時から３カ月以内に相続放棄の手続を採るべきことになります。

関連項目　　テーマ１９・４３

テーマ30

おひとりさま

設問 私は独身で、子ども、両親、兄弟もいません。この先、一人で生活できなくなったらどうしようと考えあぐねています。何かよい知恵がありますか。

回答 将来の生活のことを決めておくなら、財産管理契約や任意後見制度を利用できます。また、相続開始後のことを考えるなら遺言執行者を指定した遺言を残されるようお勧めします。

解説

1 財産管理契約

　財産管理契約は、第三者に自分の財産管理を委ねることを内容とする準委任契約で、「私が入院したら」といった条件をつけるのが一般的です。具体的な管理の内容としては、①通帳、印鑑、権利証、有価証券等の保管、②年金給付や賃料・地代等の収入管理、③家賃、公共料金、介護費用、医療費等の支払い代行などが挙げられますが、④介護保険申請手続、入通院やヘルパー、有料老人ホーム、社会福祉施設の手配や入居契約の援助など、介護や医療の手続等の支援（身上監護）についても決めておくことができます。

　大阪弁護士会高齢者・障害者総合支援センター（通称ひまわり）では、弁護士2名で構成する担当小委員会が、実際に財産管理にあたる支援弁護士を監督する「ひまわり関与型財産管理契約」をお勧めしています（ひまわりについては、巻末を参照して下さい）。

2 任意後見制度

　任意後見制度とは、精神上の障害により事理を弁識する能力が不十分になった場合に備えて、身上監護や財産管理に関する事務を受任者に委任することを、あらかじめ公正証書で契約しておく制度です（任意後見

契約に関する法律)。この任意後見契約は家庭裁判所が任意後見監督人を選任した時から効力をもち、この監督人が任意後見人を監督します。ただ、任意後見契約は、実際に判断能力が低下した後でなければ効力をもたないので、将来は任意後見制度に移行するとしても、任意後見契約と同時に財産管理契約を結んでおき、まだ元気なうちから財産管理や身上監護を委任しておくのが効果的です。

3　法定後見(成年後見)制度

法定後見(成年後見)制度は、契約によるのではなく、家庭裁判所が、判断能力が低下した本人のために、本人の状況に応じて成年後見人、保佐人または補助人を選任し、その成年後見人等が本人の身上監護や財産管理を行う制度です。成年後見人等の選任手続は、本人(あなた自身)、配偶者、4親等内の親族や市町村長等が家庭裁判所に申し立てなければなりませんが、あなたには身寄りがないので、民生委員や地域包括支援センター等に相談して市町村長に申し立ててもらうことが考えられます。

以上のようにいくつかの方法がありますが、お元気なうちに市町村の相談窓口や弁護士にご相談下さい。

4　相続人不存在

あなたに法定相続人がいないなら、あなたが亡くなられた場合、残された相続財産は誰も処分できません。そこで、あなたの相続財産について何らかの利害関係をもつ人(たとえば賃貸人など)は、家庭裁判所に相続財産管理人の選任を申立てなければならなくなります。しかし、これではまわりの方に迷惑をかけることになりますから、できるかぎり遺言執行者を指定した遺言を残されることをお勧めします。財産を残したいと思う近しい人がいないなら、大学などの研究機関や病院などに寄付することもできますので、この点も弁護士にご相談下さい。

5　終活

最近はやりの「終活」とは、人生の終わりのための活動のことです。誰にとっても悔いを残さずに人生を終えるのは難しいことですが、人生を振り返ってやり残していることがないか、探してみて下さい。また、葬儀のやり方や散骨等の埋葬方法に希望があるなら、遺言書に書いておくこともできます。

関連項目　テーマ31

テーマ31

相続人不存在と特別縁故者

設問 従兄弟（75歳）は生涯独身で借家で一人暮らししています。私以外に身寄りがないので近所に住む私が面倒をみていますが、気をつけておくことがありますか。

回答 従兄弟が亡くなった場合、相続人がいないなら、相続財産の処分はもとより誰が葬儀を出すのか、誰が家財を引き取って借家を明渡しするのかといった問題が生じます。この場合には相続財産管理人の制度が用意されていますが、それよりも、従兄弟に頼んで包括遺贈の遺言を残してもらうべきです。

解説

1 相続人不存在の場合の相続手続

・相続人のあることが明らかでないとき（相続人がいない場合も）、相続財産は法人とされ、利害関係人又は検察官の請求によって家庭裁判所が選任した相続財産管理人（通常は弁護士）がその管理にあたります。相続財産管理人が目録を作って相続財産を管理し、相続人の有無を調査し、被相続人の債権者に弁済するなどして、残った財産は国庫に帰属するのです（民法第951条以下）。したがって、このケースでも、あなたは利害関係人として相続財産管理人の選任を家庭裁判所に求めるべきことになりますが、その際には、相続財産管理人の報酬等に充てる費用として数十万円から100万円を予納しなければならないのが実務での扱いです。しかも相続財産に余剰がなければ予納金は戻ってきません。ですから現実には相続財産管理人の制度はあまり利用されておらず、身近な人が必要な範囲で事実上の後始末をして、相続財産（預金など）を放置しているケースが多いのです。

2　特別縁故者への財産分与

相続財産管理人が債権者への弁済を終えた後でも残余財産があれば、①被相続人と生計を同じくしていた者、②被相続人の療養看護に努めた者、③その他被相続人と特別の縁故があった者（特別縁故者）は、家庭裁判所に対して、相続財産の一部または全部の分与を請求できます（民法第958条の3）。もっとも、特別縁故者として財産分与を受けるためには上記の要件に該当することを証明する必要がありますから、あなたの場合も、従兄弟の面倒をみてきたことがわかるような資料を残しておかなければなりません。また、この手続にはたいへん時間がかかり、分与を受けるのは相続財産管理人選任の申立てから1年以上後になるでしょうし、財産分与の請求期間にも制限があるので注意が必要です。さらに、家庭裁判所は相続財産管理人の意見を参考にしながら特別縁故の内容や程度を審理しますので、必ず相続財産を分与してもらえるとはかぎりません。

3　包括遺贈のすゝめ

このように、相続財産管理人や特別縁故者の制度は時間と費用と手間がかかるため、使い勝手がよいとはいえません。そこで、可能であれば従兄弟に遺言書を作成してもらい、遺贈を受けておくのが賢明です。とくに、遺言で相続財産全部の包括遺贈（すべてを譲るという内容の遺贈）を受けておくと、包括受贈者は相続人と同一の権利義務をもつため（民法第990条）、相続人不存在の場合にあたらず、面倒な手続を回避できるとともに周囲の方にも迷惑をかけずにすみます（ただし、相続債務の承継には注意が必要です）。

これに対して、一部の財産のみを遺贈する内容の遺言（一部遺言）では、やはり相続人不存在の手続が必要になってしまうので、お勧めできません。また、相続財産全部の包括遺贈でも名義変更等の手続のためには遺言執行者が必要ですから、遺言で遺言執行者を指定しておくべきでしょう（指定がない場合には、家庭裁判所に対して遺言執行者の選任を申し立てます）。

一般にはあまり意識されていないことですが、以上のように、相続人がいない方の相続では、思いのほか複雑な手続が必要になります。後になって後悔しないように、従兄弟とご一緒に弁護士に相談されることをお勧めします。

関連項目　テーマ30・37

テーマ32

遺言の種類

設問 最近、娘から遺言書を書いてくれと頼まれました。そもそも遺言にはどんな種類がありますか。

回答 遺言には大きく分けて普通方式の遺言と特別方式の遺言があり、普通方式の遺言には自筆証書遺言、公正証書遺言及び秘密証書遺言の3種類があります。

解　説

1　自筆証書遺言

　自筆証書遺言は、遺言者が遺言の全文、日付、氏名を自書（遺言者が自筆で書くこと）し、捺印することによって作成する遺言書です。自筆証書遺言では証人が不要なので、自分一人で自宅で作成できますが、パソコン等で印字して作成することはできません。また、遺言書の中の加除その他の変更は、遺言者がその場所を指示し、これを変更した旨を付記して特にこれに署名し、かつ、その変更の場所に印を押さなければ効力を生じないとされています（民法第968条）。なお、自筆証書遺言については、相続開始後に家庭裁判所において検認手続をとる必要があります（同法第1004条）。ただし、自筆証書遺言は法律で定めた要件を満たさないために無効となったり、記載内容が曖昧なために紛争を招くことがありますし、原本が1通しか存在しないので保管方法にも気を遣わなければなりません。

2　公正証書遺言

　公正証書遺言は、公証人が法律で定められた方式にしたがって作成する遺言書です。公証人とは、公証役場（公証人役場とも呼ばれます）において、ある事実や契約の成立を証明・認証する職務を行う公務員で、

法務大臣が任命します。公正証書遺言の方式としては、証人２人以上の立会が必要であること、遺言者が遺言の趣旨を公証人に口授することなどの要件がありますが（民法第969条）、形式的な条件については公証人が指導してくれます。公正証書遺言は通常は公証役場で作成しますが、入院中の場合などは公証人に出張してもらって作成することもできます。公正証書遺言の作成方法は自筆証書遺言に比べれば若干面倒ですが、相続開始後の検認手続が不要であること、公正証書遺言の原本が公証役場で保管され紛失の危険がないこと、平成元年以降に作成された公正証書遺言は全国約300箇所の公証役場で検索してもらうことができ、遺言書の存在が明らかになることなどのメリットがあります。

3　秘密証書遺言

　秘密証書遺言は、遺言の内容を誰にも知られたくない場合の方式です。具体的には、遺言者が遺言書を作成して署名捺印し、これを封筒に入れて封印し（封印にも遺言書に押したのと同じ印鑑を用います）、これを公証人１人及び証人２人以上の前に提出して、公証人に認証してもらいます（民法第970条）。この方式では、遺言書の内容は、署名を除いてパソコンやワープロで作成できますが、公証役場が遺言書を保管するわけではありませんから紛失のおそれがありますし、相続開始後の検認手続も必要です。

4　特別の方式による遺言

　以上のほかに、民法は、特別の方式による遺言として、死亡の危急に迫った者の遺言（危急時遺言）、伝染病隔離者の遺言、在船者の遺言、船舶遭難者の遺言の４種類の方式を定めていますが、いずれも例外的なものですから、本書では説明を省略します。

関連項目　　テーマ33・34・35

テーマ33

公正証書遺言と自筆証書遺言の比較

設問 自筆証書遺言より公正証書遺言を書くべきだと言われましたが、なぜですか。双方のメリットとデメリットを教えてください。

回答 自筆証書遺言は費用もかからず手軽に作成できますが、遺言者死亡後に遺言書検認の申立てが必要ですし、形式的な要件を満たさなければ無効となります。ですから、できるかぎり公正証書遺言を利用されることをお勧めします。

解説

1 形式的要件

　民法は、遺言の章のはじめに、「遺言はこの法律に定める方式に従わなければ、することができない」と規定しています（同法第960条）。このように遺言に厳格な形式が求められるのは、遺言書という紙一枚で、遺言者の財産をどう分けるかがすべて決まってしまう可能性があるからです。したがって、どの遺言の方式をとっても、法定の要件を満たしていることが不可欠です。

　この点、公正証書遺言では、公証人が、形式的要件を備えた公正証書遺言を作成してくれますので、遺言者は、この点については気を遣わずにすみます。これに対して、自筆証書遺言では自己責任で形式的要件を確認しなければなりません。最近、誰でも簡単に自筆証書遺言を作れると宣伝する雑誌や書籍が書店にあふれていますが、専門家でもない遺言者が法律の指定する細かい要件を正確に理解することは容易ではありません。実際、弁護士が相談を受けるケースでも、形式的要件を欠く自筆証書遺言を目にすることが少なくないのです。そして、そのような遺言は、たんに無効となるだけでなく相続人間の感情的対立を煽ることにな

りかねません。したがって、できるかぎり、このようなリスクのない公正証書遺言の利用をお勧めするのです。

2 紛失・隠匿・変造の危険

　自筆証書遺言の場合は、遺言書の保管場所がわからなくなったり、遺言書を見つけた人が隠したり、遺言の内容を変えられたりする危険がつきまといます。自筆証書遺言に検認手続が要求されているのも、それだけ変造等の危険があるからです。これに対して、公正証書遺言の場合には、遺言書の原本が公証役場で保管され、相続人であれば、公証役場で平成元年以降に作成された公正証書遺言を検索できますから、これらの危険を回避することができます。その意味でも、公正証書遺言の方が安全だといえるでしょう。

3 まとめ

　司法統計によれば、平成23年度の遺言書検認件数は約15,000件で、その大半は自筆証書遺言ですから、毎年、これと同じ程度の自筆証書遺言が作成されていると考えられます。これに対して、平成22年度の公正証書遺言作成数は81,984件で、年々増加傾向にありますから、遺言書の大半は公正証書遺言ということになります。

　自筆証書遺言を作成される方は、おそらく、自宅で簡便に、しかも誰にも知られずに遺言書を作成できることにメリットを感じておられるのでしょう。しかし、公正証書遺言の作成に関与する公証人や弁護士は守秘義務を負いますし、必要となる証人2人も親族や知り合いである必要はありません。つまり、相続人や身近な人に知られずに公正証書遺言を作成することは十分可能なのです。ですから、公正証書遺言の手間を惜しんで、見よう見まねで自筆証書遺言を作成されることはお勧めできません。

【関連項目】　テーマ34・35・40・41・56

テーマ34

自筆証書遺言の作り方

設問 無効にならないように自筆証書遺言を作るには、どうすればいいのでしょうか。

回答 自筆証書遺言を作成するなら、法律で定められている形式的要件を満たすかどうかにつき、細心の注意が必要です。

解説

1 自筆証書遺言の形式的要件

　法律的に有効な自筆証書遺言を作るためには、①全文の自書、②日付の自書、③氏名の自書、④押印の4つの要件を満たす必要があります（民法第968条）。

　まず、遺言の用紙ですが、全文を自書しなければならないわけですから、文字があらかじめ印刷されているものは避けて下さい（罫線や「コクヨ」等の定型文言は差し支えありません）。エンディングノートなどの頁（とくに質問項目などが印刷されている箇所）に遺言の内容を書き込むと、全文自書の要件を満たさず無効となる可能性がありますのでたいへん危険です（検認手続を受けても有効となりません）。

　「自書」とは、遺言者自身が筆記することです。最近は消せるボールペンもありますが、サインペンや万年筆など消えない筆記具を用いて自分で書いて下さい。誰かに手を添えてもらうことも、後で問題になる可能性があるので避けて下さい。ワープロやパソコンで作成した場合には、もちろん無効となります。

　「日付」は、西暦・和暦のいずれでも結構ですが、何年何月何日と記載して下さい。「氏名」については、戸籍どおりの書体である必要はありませんが、正確に書いて下さい。通称、雅号、ペンネームでも結果的に有効と判断される場合がありますが、無用なトラブルを招きますので、

これらは用いないで下さい。

「押印」とは、自分の印鑑を押すことです。印鑑は、印鑑登録をした実印である必要はありませんが、できれば実印を押捺し、印鑑証明書を同封するのが理想的です。なお、大量生産によってどこでも同じものが買える印鑑やスタンプ式の印鑑は避けて下さい。

最後に、自筆証書遺言を書き上げたら、お近くの市役所や弁護士会の法律相談に持参して、弁護士に形式的要件を確認してもらうことをお勧めします。

2　自筆証書遺言の加除その他の変更

遺言書を書いているときに間違えて修正するのはひと苦労です。まず、修正・変更する箇所を指示して（元の文言を二重線で消すなどしたうえ、変更後の文言を記載する）、その場所に遺言書に用いるのと同一の印鑑を押し、さらにその箇所の近くに、何字を抹消して何字を加筆したかを付記して変更したことを明らかにし、その説明部分にも署名する必要があります（民法第968条）。この方法はたいへん神経を使いますので、遺言書を書き直すこともあるかと思いますが、その場合には、変更前の遺言書を必ず破棄して下さい。

3　自筆証書遺言の保管

法律上の要件ではありませんが、自筆証書遺言を作成したら、必ず封筒に入れて遺言書である旨を表記し、封印（封じ目に印鑑を押すこと）することをお勧めします。封印しておけば、内容を知られませんし、家庭裁判所の検認手続で相続人全員が立ち会って開封することになるからです。作成した自筆証書遺言は、相続人以外の信頼できる第三者に預けるか、相続開始後、相続人が見つけられる場所に保管する必要があります。

関連項目　　テーマ33・56

テーマ35

公正証書遺言の落とし穴

設問 公正証書遺言を作るには、公証役場に行って相談すればよいのですか。

回答 公証証書遺言を作成される場合でも必ず事前に弁護士に相談するべきですし、複雑な内容なら弁護士に作成を依頼して下さい。

解説

1 公証人の役割

　「公正証書遺言を作るんだから、最初から公証役場に行って相談すればいいんだろう」とおっしゃる方がいますが、そうではありません。たしかに公証人のほとんどは元裁判官や元検察官ですが、公証人の職務は事実や契約の成立を証明・認証することにあり、遺言や相続の相談にのるのが仕事ではありません。それに公証人がみな相続紛争の実態に詳しいわけではなく、実際、「公証役場に来られる前に弁護士に相談しておいてほしい」という公証人が少なからずいらっしゃいます。

2 公正証書遺言の作成方法

　公正証書遺言を書こうと思ったら、まず、誰が法定相続人か、相続財産としてどんなものがあるかを確認し、誰に何を相続させるのかを自分の意思で決めて下さい。そして、その内容を整理し、その骨子を紙にまとめてみましょう。ここまでは自筆証書遺言でも同じですが、この段階で悩むようなら、迷わず、市役所や弁護士会の法律相談で弁護士に相談して下さい。

　つぎに、印鑑登録証明書、預貯金の通帳、不動産の全部事項証明書（登記簿謄本）、固定資産評価証明書（固定資産税・都市計画税の納税通知書

でも可)、あなたと相続人の関係を示す戸籍謄本や遺贈を受ける者(受贈者)の住民票などの資料を用意して下さい。これらの準備ができたら、遺言の骨子や資料を事前に公証役場に届け、公正証書遺言を作成する日時場所を決めます(通常は公証役場ですが、遺言者の状態によっては公証人に病室等に出張してもらうこともできます)。なお、あなたが公正証書遺言で必要な証人2名(未成年者や相続人は不可)を用意できるなら、その方の氏名、住所、生年月日、職業等を公証人に知らせておく必要があります。

公正証書遺言の作成当日には、遺言者が公証人と証人2名の面前で遺言の内容を口頭で述べ、これに基づいて公証人が公正証書遺言を作成し、正本と謄本を遺言者に交付し、原本は公証役場で保管されます。十分に準備してあれば、この手続には1時間もかかりません。また、公証人の作成手数料は政令で定められており、遺産の額や相続人の数などによって変わりますが、数千万円の遺産なら数万円程度で足ります。なお、詳細については日本公証人連合会のホームページでもご確認いただけます。

3 公正証書遺言の落とし穴

さて、公正証書遺言には、形式的要件を満たし紛失や偽造・変造の危険もないという利点がありますが、公正証書遺言さえ作れば万全というわけではありません。公正証書遺言でも内容が明確とは限りませんし、遺言能力の問題で遺言が無効となることもあるからです(公証人が遺言能力を判断できるわけではありません)。さらに問題なのは、公証役場での公正証書遺言作成の過程では、本当の意味での相続紛争対策が吟味されていないことです。たとえば、公証人は生前贈与の有無などいちいち確認しませんし、遺留分侵害の遺言や一部遺言など相続開始後に問題が生じる内容であっても、遺言者が希望すれば作成してくれます。しかし、遺言の内容が相続人にとって不平等だったり、生前贈与の事実や遺留分を無視していれば、確実に相続紛争が起きるといっても過言ではありません。ですから、弁護士によるスクリーニングを経ていない公正証書遺言は、こと相続紛争対策としては不十分なのです。したがって、相続人間に無用の紛争を招かないことを目的とする遺言であれば、必ず弁護士に相談して、遺言の文案を作成してもらうことを強くお勧めします。

関連項目　テーマ33・51

テーマ36

相続させる遺言

設問 遺言書を書くときに、「遺贈する」という書き方と「相続させる」という書き方があると知りました。どちらが正しいのですか。

回答 遺言書で特定の人に財産を譲る場合、「遺贈する」という表現と「相続させる」という表現がありますが、効果が異なるので使い分けるべきです。

解説

1 財産を譲る相手による使い分け

財産を譲る相手が法定相続人なら、「相続させる」ことも「遺贈する」こともできますが、相手が法定相続人ではない場合には「遺贈する」とすべきで、「相続させる」と書くのは間違いです。法定相続人以外の者に「相続させる」と書いても「遺贈する」と読み替えることになるでしょうが（遺言の有効解釈）、できるだけ正確な表現を心がけて下さい。

2 「相続させる」旨の遺言の意味

特定または全部の遺産を特定の相続人に「相続させる」旨の遺言は、原則として、遺産分割の方法（民法第908条）を定めたことになります。つまり、相続開始と同時にその遺産は遺産分割されたことになって、当然に所有権が移転するのです。その結果、それが不動産の場合には、その相続人が単独で所有権移転登記を行うことができ、遺言執行者がいても、その協力は不要です。また、移転登記をしないうちに他の共同相続人が不動産を第三者に譲渡していた場合でも、その第三者は無権利者から権利を譲り受けたことになるので、相続人は第三者に対して土地の取戻し（登記の抹消）を請求できることになります。

ただし、「長男に遺産の1／3を相続させる」というように、全部ではな

い一定割合を「相続させる」とした場合は、どの財産が長男に帰属したのか不明なので、相続分の指定（民法第902条）とされ、上述の効果はなく、さらに遺産分割手続が必要になります。

3 「遺贈する」旨の遺言の意味

これに対して「遺贈する」とした場合は、遺言者の遺贈義務を相続人全員が引継ぎますので、不動産の場合だと、相続人全員または遺言執行者からの申請によって移転登記手続をしなければなりません。また、受遺者である相続人が登記をしなければ第三者に対しても所有者であると主張できないとされています（ただし、遺言執行者の執行を妨害するものは無効です）。なお、農地である不動産を「遺贈する」とした場合（特定遺贈）には、農業委員会または知事の許可が必要になります。

4 代襲相続が生じた場合の取扱い

両者の違いに関連して問題になるのは、遺言によって遺産を取得する予定の者が、遺言者より先に死亡した場合の代襲相続の取扱いです。遺贈の場合は、受贈者が先に死亡したときは遺贈の効力を生じないことが明らかなのに対して（民法第994条）、「相続させる」旨の遺言は、遺言者が代襲相続させる意思を持っていたとみるべき特別の事情がなければ効力を生じない（代襲されない）というのが判例の立場ですから、違いは大きくありませんが、どちらの表現を用いるにしても、遺言には、遺産を承継させる者が先に死亡した場合にその子に代襲させるのか否かを明確に記載する必要があります。

5 まとめ

かつて「相続させる」という表現がよく使われたのは、その方が移転登記にかかる登録免許税が安かったからですが、現在では、相続人への移転登記に関する限り、どちらの表現でも登録免許税（4／1000）に違いはありません。しかし、すでに示唆したように、法定相続人に遺産を承継させる場合で、格別に遺贈としての効果を望まないのなら、他の共同相続人や遺言執行者の関与がいらない「相続させる」との表現をお勧めします。なお、信託銀行等の金融機関に遺言書作成を依頼すると「遺贈する」との表現にこだわるようですが、これは遺言執行者として必ず相続手続に関与し、相続財産を掌握することが目的と思われます。

【関連項目】　テーマ37

テーマ37

包括遺贈と特定遺贈

設問 遺言で、お世話になった方に財産の一部を差し上げたいと思いますが、借金も一部負担させることになるのでしょうか。

回答 世話になった方にご迷惑をかけたくないなら、遺留分を侵害しない範囲で特定の財産を遺贈し（特定遺贈）、かつ、遺言執行者を指定した遺言書を作成するべきです。

解説

1 遺贈とは

「遺贈」とは、遺言で遺産の全部または一部を処分することで（民法第964条）、法定相続人に対しても、それ以外の第三者に対しても行うことができます。また、その方法としては、遺産の全部又はその一定割合を与える場合（包括遺贈）と、特定の財産（不動産、預金、貴金属など）を与える場合（特定遺贈）があります。

2 包括遺贈の落とし穴

「包括遺贈」を受けた者（包括受遺者）は、相続人と同一の権利義務を有するので（民法第990条）、被相続人の債務の全部または一部を承継します。たとえば、「遺産の1／3を遺贈する」という遺言なら、包括受遺者は、被相続人が負う相続債務（借金）の1／3を自動的に承継することになるのです。しかし、包括遺贈のリスクはそれだけではありません。包括受遺者は相続人とほぼ同一の立場にたつことから、実際に財産を取得するためには遺産分割手続が必要で、遺贈を心よく思わない他の相続人と向き合わなければなりませんし、遺贈の放棄についても、相続人と同様に3カ月以内に行う必要があるのです（遺贈の放棄はいつでもできるという民法986条は包括遺贈に適用されないので要注意です）。しか

も、包括受遺者は無限責任を負うので、遺言者さえ忘れているような多額の連帯保証債務等がある場合には、心ならず、受贈者に借金を押し付ける結果になりかねません。

3　特定遺贈の注意点

　これに対して、相続人でない「特定遺贈」の受遺者は相続債務を負担しませんから、受遺者に感謝の意思を表すのなら、ぜひ特定遺贈とすべきです。ただし、①遺言書の文言から包括遺贈か特定遺贈か断定できないことがあるので、必ず弁護士に遺言書の内容を確認してもらうこと、②遺贈が遺留分を侵害する場合には、遺留分権利者から遺留分減殺請求される可能性があるので、遺留分を侵害しない範囲で遺贈する財産を選ぶ必要があること、③遺贈の対象について名義変更手続等が必要になるので（預金や不動産など）、遺言であらかじめ遺言執行者を指定しておくこと、④あなたより先に受贈者が死亡した場合でも受贈者の子に遺贈したいと考えるなら、その旨を明らかにしておくことなどに注意が必要です。なお、はじめから、受遺者にある程度の負担と引換に遺贈したいとお考えの場合には、負担付遺贈（民法第1002条）の方法を選ぶことができます。

4　特定遺贈と相続放棄

　本設例とは無関係ですが、特定遺贈では債務を承継しないので、遺言者が特定の法定相続人に特定の財産を遺贈する遺言を残し、相続開始後にその相続人が相続放棄するという方法がありえます。これによって、その相続人は、遺産分割手続を回避しながら特定の財産を手に入れ、相続債務の承継も免れることもできるので、たとえば中小企業の事業承継の手法としては検討する価値があります。ただし、遺留分侵害があれば減殺請求されること、その特定遺贈が詐害行為にあたるとして債権者から遺贈の取消を請求される可能性があること、相続財産が債務超過の場合には遺言執行者や相続人らは破産手続開始の申立をすべきと解されること（破産法第224条）、相続税法上の優遇措置を受けられないことなどの問題点がありますから、必ず弁護士にご相談下さい。

関連項目　　テーマ19・31・44

テーマ38

遺言の頼み方

設問 私は4人兄弟の長男で、父が亡くなってから高齢の母と同居しています。母に遺言書を書いてくれと頼みたいのですが、どうすればいいでしょうか。

回答 よくあるご相談ですが、遺言書を書く書かないはお母さんの自由です。お母さんの立場に立って、お母さんが不安を感じないですむように配慮してお願いするしかありません。

解　説

1　お母さんの立場に立って考えること

　人は誰でも歳をとれば目が見えなくなり、耳が聞こえなくなり、もの忘れし、室内でつまづいたりします。昔ならやすやすとできていたことができなくなれば気が滅入り、将来に不安を感じることでしょう。不安になれば、自分を大切にしてもらいたいという欲求が強くなり、それが満たされていないと感じれば機嫌が悪くなります。頼りになるのはお金（財産）しかない、遺言を書けば私は用済みになって、誰からも相手にされなくなるかもしれないと考えるかもしれません。こうしたお母さんの気持ちを理解しないまま、いきなり遺言書の作成を頼んでも、お母さんは言うことをきいてくれないでしょう。

2　遺言書を書いてもらえる条件とは

　これを逆に考えると、第一に、お母さんがまだ元気で不安を感じていないうちに、遺言書を書くよう頼んだ方がよいことになります。逆に、日延ばしにすればするほど、遺言書を書いてもらうのは難しくなりますし、そのうち認知症の症状が現われたりすると、せっかく遺言書を作成しても、その効力を争われることになりかねません。

第二に、遺言を残す具体的な必要性について、理解してもらうことが必要です。もともと被相続人は、自分の死後はどうなろうと知ったことではないと思うのが当たり前で、遺言書の必要性を感じていないからです。ですから、できれば兄弟がそろってお母さんにお願いするのがもっともよいでしょうし、遺言の必要性を冷静に判断してもらうためにも、早い方がよいことになります。

　第三に、お母さんの漠然とした不安を取り除いてあげることが必要です。そうでなくても「私が死ぬのを待っているのか」と思われる可能性があるのですから、遺言書を書いても、天寿を全うするまで子どもたちに面倒をみてもらえるのだと安心してもらうことが重要です。そのためには、お母さんの預貯金を家計と区別して管理したり、預金通帳のコピーを渡しておく等の配慮が必要でしょうし、兄弟が呼吸を合わせてお母さんのお世話をするべきでしょう。

　第四に、あなたがお母さんの財産を狙っているという誤解を招かないよう注意する必要があります。遺言書の作成を頼むとしても、内容はお母さんの自由意思にまかせ、いちいち指図したり、内容を尋ねたりしないことです。そして、可能ならお母さんから利害関係のない第三者に相談してもらい、第三者から遺言書の作成を促してもらうのが理想です。第三者とは法定相続人でない伯父・叔母やかかりつけの医師なども考えられますが、遺言内容についてのアドバイスまで視野に入れるなら弁護士が適任です。できれば市役所などの法律相談にお母さんを同行し、内容についての相談の場面では退席して、お母さん１人で弁護士に相談できるよう配慮して下さい。また、遺言書は何度でも書き直せることも説明して下さい。実際に、毎年正月とか誕生日ごとに遺言書を書きかえる方もいらっしゃいます。

3　まとめ

　いずれにしても、お母さんとご兄弟全員が話し合い、お母さんに将来の紛争や手間を回避するという遺言の趣旨を理解してもらい、不安を取り除いてあげて、みんなが納得する内容の遺言書を作成してもらうのが理想的です。言うは易く行うは難いことですが、ヒントになれば幸いです。

関連項目　　テーマ１１・４０・５１

テーマ39

遺言書キット・エンディングノート

設問 書店で売っている遺言書キットやエンディングノートを使う時の落とし穴があれば教えて下さい。

回答 遺言書キットもエンディングノートも、使い方によっては無効な遺言の原因となったり、相続紛争の火種になることがあるので注意が必要です。

解説

1　遺言書キットの問題点

　遺言書キットは、「初めての方でも簡単に遺言書を作成できる」というのが売り物の商品で、説明書、遺言書の文例、遺言書用紙などが用意されています。遺言書キットでは自筆証書遺言の形式的要件を満たすよう工夫されているので、その説明書にあるような典型例であれば、簡単に遺言書を作成することができそうです。

　しかし、そもそも遺言を残す事情や目的は人によって様々で、遺言書キットが挙げる典型例どおりとは限りません。そこで、多くの方は、説明書を読み、典型例を参考にして遺言書を書くことになりますが、遺言の効果は文言や表現によっても変わりますから、簡単な説明書を読むだけで思ったとおりの遺言を残すことはできません。

　また、「遺言は難しいものではない」として自筆証書遺言を勧めている点も弁護士の目から見れば大いに疑問です。自筆証書遺言そのものの問題点（紛失、偽造、検認など）もさることながら、遺言は１人でできると簡単に考えること自体が危ないからです。有効な遺言書を作成できたとしても、そのために相続紛争が起きたのでは本末転倒ですから、遺言書キットを用いる場合でも、一度は、弁護士等にその内容を相談されるべきでしょう。

なお、遺言書キットを利用した遺言書を書きかけて完成せずに終われば、「遺言のようだが遺言でないかもしれない」ものや、不完全な遺言（一部遺言など）がこの世に残ります。これもまた相続紛争の種になることはいうまでもありません。

2　エンディングノートの落とし穴

　エンディングノートは、人生を振り返って思い出を綴り、いざというときのために、財産の詳細、親族・友人の連絡先、葬儀・埋葬に関する希望などを記載するものです。エンディングノートは自筆証書遺言の形式的要件を満たさないため、本来、遺言としての効力はありませんが、成年後見が必要になったり相続が開始した場合に家族に面倒をかけずにすむという点では利用価値があるといえます。

　しかし、エンディングノートが備忘録として使われるうちはいいのですが、「私の財産」の項目や白紙の部分に「これは誰に相続させる」などと書き込まれると、それが自筆証書遺言にあたらないかという問題を生じることがあります。したがって、エンディングノートを利用される場合には、遺言と受け取られかねない紛らわしいことを書かないよう、十分注意して下さい。

　また、「家族への思い」の項目に必要以上に相続人への思い（特定の相続人に対する愛情や憎しみ）が書き綴られていると、相続人たちの気持ちに波風を立てることになりかねませんから、この点にも注意が必要です。

3　検認との関係

　遺言書キットを利用した不完全な遺言やエンディングノートに書き記された遺言と思しき記載についても、家庭裁判所に検認を請求すれば受け付けてもらえる可能性があります。しかし、検認は、遺言の有効無効と関係なく書面が存在したことを証明するだけの手続ですから、家庭裁判所で検認を受けても有効な遺言になるわけではありません。

［関連項目］　テーマ33・34・41

テーマ40

遺言書の毀棄・隠匿

設問 偶然、入院中の母の自筆の遺言書を見つけました。とても納得できない内容ですし、妹が無理に作らせたものだと思いますが、どうすることもできないのですか。

回答 遺言書の偽造、変造、破棄または隠匿行為は相続欠格事由にあたりますので、これらの行為は絶対にやめて下さい。

解説

1 相続欠格

　民法第891条では、相続に関する被相続人の遺言書を偽造し、変造し、破棄し、又は隠匿した者は相続人になることができないと定めています（相続欠格）。したがって、あなたが見つけた遺言書の内容が気に入らなくても、書き換えたり、破り捨てたり、隠したりすると相続人としてのすべての権利を失うことになりますし、刑法犯に問われる可能性もありますので絶対にしないで下さい（私用文書等毀棄罪、刑法第259条）。なお、相続欠格により相続権を失っても、その者に子がいる場合には、その子が代襲相続します（民法第887条）。

2 遺言書の書き直し

　遺言書は何度でも書き直せますし、撤回することもできます。したがって、あなたとしては、お母さんにもう一度遺言書を作り直してほしいと頼むことになるでしょう。しかし、遺言は遺言者本人の自由な意思によって作成されなければなりませんから、あなたからお母さんに対して遺言書の書き直しを無理強いすることはできません。詐欺や強迫によって被相続人に遺言をさせたり、遺言を撤回させても相続欠格となります。

　さて、お母さんが自分の意思で遺言書を書き直してくれたり、撤回し

てくれる場合でも、元の遺言書を破棄することは勧められません。お母さん自身が遺言書を破棄することは可能ですが（撤回とみなされます）、それでも、相続開始後に、妹さんから、あなたが元の遺言書を破棄したとか隠している（相続欠格にあたる）と主張されるおそれがあるからです。

　なお、遺言を撤回するなら遺言書の方式に従わなければなりません。また、新しい遺言書を作成してもらった場合、新しい遺言書と抵触する元の遺言書の内容は撤回されたものとみなされますが、抵触しない部分が残っていれば、その部分に関する元の遺言書の効力が残ります。

3　複数の遺言書がある場合の問題

　以上のように、内容が矛盾する複数の遺言書があって、遺言の内容が明瞭でない場合には、どの部分が抵触しているのかが問題になることがあります。また、対立する相続人の双方が、相手が無理やり遺言書を書かせた（相続欠格だ）と主張することも珍しくありません。もちろん、こうしたケースでは、背景に、遺言者が相続人に言われるままに遺言書（とくに自筆証書遺言）を書いてしまうという事情もあるのですが、こうなると非難合戦になって遺産分割が長期化し、相続人が互いに疲弊することになりかねません。

　したがって、すでに遺言がある場合に、内容の異なる新しい遺言を作成したり、撤回する場合には、遺言を書く動機や撤回の理由を記載するなどして、新しい遺言こそが遺言者の真意に基づくものだということを明確にしておくべきです。少なくとも、形式面では必ず公正証書遺言を利用し、内容については弁護士に相談されるべきだと考えます。

関連項目　　テーマ３８

テーマ41

遺言書の開封と検認手続

設問 葬儀の後で整理していたら、父の遺品から「遺言」と表書きされた封筒が見つかりました。私は長女なので開けてもいいでしょうか。

回答 相続開始後に遺言書を見つけたら、すみやかに家庭裁判所に検認手続を請求して下さい。なお、封印のある遺言書については勝手に開封することはできません。

解説

1 遺言書の「開封」

封印のある遺言書は、家庭裁判所で相続人またはその代理人が立会わなければ、開封することができません（民法第1004条）。「封印のある遺言書」とは、文字どおり、封に押印がある遺言書のことで、たんに封入されている遺言書は含みません。これは、わざわざ封に捺印した遺言者の意思を確実に実現するための制度で、開封した者は5万円以下の過料に処せられますし、開封してしまうと中にある遺言書が無効となる可能性もあります。なお、封印がない場合には封筒の中の遺言書を見ても違法ではありませんが、封を破ることはお勧めできませんし、そもそも公正証書遺言を除く遺言書はすべて検認手続を採らなければならないので、検認の場で内容を確認するべきでしょう。

2 遺言書の「検認」

公正証書遺言以外の遺言書の保管者や遺言書を発見した相続人は、相続開始後遅滞なく、家庭裁判所に提出して「検認」を請求しなければなりません（民法第1004条）。これは、相続人に遺言書の存在と内容を知らせるとともに、家庭裁判所が遺言書の形状、加除訂正の状態、日付、

署名など、検認時点の遺言書の方式に関する事実を明確にし、遺言書の偽造や変造を防止する手続です。検認を怠っても遺言が無効になるわけではありませんが、5万円以下の過料に処せられることがありますし、検認手続を経て検認証明書を取得しないと、その遺言書に基づく不動産登記ができない等の不都合がありますので、必ず検認手続をとって下さい。

　公正証書遺言以外の方式による遺言書は、封印の有無にかかわらず、すべて検認が必要ですが、遺言書かどうかが外見から判断しにくい場合には、相続人が検認を受けるべきかどうか迷うことになります。ですから、自筆証書遺言を作成した場合には、封筒に入れ、「遺言」または「遺言書」という表題を記載すべきです。

3　「検認」の手続

　検認は、相続が開始した地を管轄する家庭裁判所に請求する必要があります。申立てには戸籍謄本や収入印紙、郵便切手代が必要ですが、裁判所のホームページには申立て例とともに必要書類等が記載されていますので、参考にして下さい。

4　「検認」の効果

　検認は、あくまで遺言書の外形的な状態を確認するだけの手続で、遺言書の有効無効を判断するものではありません（遺言の効力を争うには、別に訴訟を提起する必要があります）。また、家庭裁判所は、被相続人が欲した最終処分であると思われる書面については、原則として検認請求を受理しますので、遺言書キットやエンディングノートを利用した不完全な遺言でも検認を受けられる可能性がありますが、検認を受けても、これらが有効な遺言と認められたことにはなりません。

関連項目　☞　テーマ32

テーマ42

廃除の方法

設問 私には3人の息子がいますが、長男とソリが合いません。長男を相続人から外したいのですが、遺言で「長男を廃除する」と書いておけばいいのですか。

回答 遺言でも廃除はできますが、できるかぎり生前に廃除請求して下さい。なお、廃除が認められるのはきわめて例外的であり、かりに廃除が認められても、長男に子がいればその子が代襲相続します。

解説

1 廃除とは

ときおり、「この相続人にだけには財産を譲りたくない」という相談を受けることがあります。その相続人が遺留分のない兄弟姉妹（またはその子）なら、他の相続人や第三者にすべての財産を相続（遺贈）させる遺言書を作成しておけば十分ですが、配偶者や直系尊属・子（または代襲者、再代襲者）には遺留分があるので、そのような遺言書を作っても遺留分減殺請求される可能性が残ります。そこで、遺留分をもつ推定相続人から一切の相続権（相続分）を剥奪してしまうのが「廃除」の制度です（民法第892条）。ただし、たとえば長男を廃除しても、長男に子がいればその子が相続権を代襲しますので（民法第887条）、注意が必要です。

2 廃除が認められる条件

「廃除」が認められるためには、①相続人が被相続人に対して虐待をしたこと、②相続人が被相続人に対して重大な侮辱を加えたこと、③相続人にその他の著しい非行があったこと、のいずれかの理由（廃除事由）

が必要です。しかし、廃除された相続人は一方的に相続人資格を剥奪されるのですから、家庭裁判所も慎重に判断せざるを得ず、誰が見ても「これは」と納得するようなひどい虐待や非行が客観的に認められない限り、なかなか廃除を認めません（平成23年度の司法統計によれば、家庭裁判所が廃除を認めた例は全国で約30件しかありません）。したがって、相続人が被相続人に繰り返して暴行を加えたとか、社会的立場を失墜させるような状況で侮辱したとか、遊興のために多額の借金をして被相続人に肩代わりさせたといった特別な事情が必要であって、たとえば、親子で怒鳴り合いの喧嘩をしたとしても、喧嘩の中で子どもから罵られたことがただちに「重大な侮辱」にあたると考えるのは早計です。このように廃除の要件は厳格なので、廃除を申し立てるには廃除事由を証明できる決定的な証拠が必要だと考えて下さい。

3　生前廃除のすゝめ

被相続人は、遺言で廃除の意思表示ができますが、生前にも家庭裁判所に廃除の審判を申し立てることができます。遺言で廃除する場合には、相続開始後に遺言執行者が家庭裁判所に廃除の審判を申し立てることになりますが、廃除事由を証明するためにもっとも重要な証拠となる被相続人自身がいないため、遺言者がその相続人からどんな虐待や侮辱を受けたのかがわからなくなり、廃除請求は困難を極めます。ですから、どうしても廃除の効果を得たいと考えるなら、ぜひ生前廃除を選択して下さい。

4　遺言による廃除の注意点

それでも遺言で廃除するなら、廃除事由を証明できる証拠を残し、廃除の原因をよく知っている人に協力を依頼したうえで、弁護士を遺言執行者に指定するべきです。また、結果として廃除が認められない例が少なくないので、その遺言では、廃除が認められる場合（代襲相続には注意）とそうでない場合に分けて、遺産の処分を定めておくべきです。このように、廃除の意思表示を含む遺言は内容がきわめて難しいので、あらかじめ弁護士に相談して下さい。

テーマ43

相続分を放棄してもらうためには

設問 姉は「私はもう十分にしてもらったので、父が死んでも財産はいらない」と言っています。私としては、その約束を確定させたいのですが、どうすればいいですか。

回答 相続開始前に特定の推定相続人の相続分を確定的に失わせることはできません。せいぜい遺言と遺留分放棄の方法などで対応するしかないでしょう。

解説

1 遺留分の放棄

「遺留分の放棄」とは、遺留分をもつ推定相続人が遺留分による権利（遺留分減殺請求権）を放棄することです。これは相続開始の前後を問わず可能ですが、相続開始前に行われる場合には、少なからず他の相続人から遺留分の放棄を強制されていることがあるので、家庭裁判所の許可が必要になります（民法第1043条）。

相続開始前に遺留分の放棄が認められても、その相続人は遺留分減殺請求ができないだけで、通常の相続権を失うわけではありません。したがって、その相続人を被相続人の相続から排除するためには、被相続人に、相続財産の全部を処分する内容の遺言を書いてもらう必要があります。逆にいえば、被相続人がそのような遺言を書いてくれない場合や、もともと認知症等で遺言能力が疑わしい場合には、遺留分の放棄をしてもらっても上記の目的を達成することができません。

なお、一般論として、遺留分を放棄すればその代襲者も遺留分を放棄したものとみなされること、遺留分を放棄しても相続債務の負担は免れないことに注意が必要です。

2 相続放棄・相続分の放棄・相続分なきことの証明との違い

つぎに、「相続放棄」は相続開始後の制度なので、相続開始前に利用することはできませんし、相続放棄を約束する書面を書いてもらっても法的効力はありません。

また、「相続分の放棄」や「相続分の譲渡」という方法も相続開始前には行うことができません。なぜなら、それらの前提となる相続分は、相続が開始してはじめて発生するからです。相続開始後なら相続分の放棄や相続分の譲渡ができますが、相続放棄と異なって、相続債務の負担を免れる効果はありませんから、この点にも注意して下さい。

なお、相続不動産の登記において、「相続分がないことの証明書」という書面が使われることがあります。これは遺産分割手続や相続放棄の手続を経ずに登記手続をするための便法ですが、実体と合わないことが多く、紛争の種にもなりやすいので、このような表題の書面を作成してもらうこともお勧めできません。

3 次善の策

以上のように、相続開始前に、特定の推定相続人を相続から排除してしまうことは困難です。そこで、次善の策としては、お姉さんに「私は、父から、嫁入りの支度金として○○円をもらいました。ですから、父の相続に際しては遺産に対する権利を主張しません」というように、生前贈与の内容を具体的に記載した書面を書いてもらう方法が考えられます。この方法でも、お姉さんの相続権が完全になくなるわけではありませんが、相続開始後にお姉さんの気が変わっても、お姉さんに対する生前贈与（内容によっては特別受益）があったことの証拠にはなりますから、遺産分割手続の際にそれが考慮されて、ある程度納得できる結論が得られると思います。

関連項目　テーマ24・29・44

テーマ44

遺留分

設問 母は、すべての財産を兄に譲るという遺言を残して亡くなりました。父はすでに死亡し、母の子は兄と私だけですが、私には相続を主張する権利はないのでしょうか。

回答 被相続人の子であるあなたは遺留分権利者ですから、遺留分減殺請求を行うことにより、遺留分の限度で相続財産を取り戻すことができます。

解説

1　遺留分とは

「遺留分」とは、兄弟姉妹及びその子以外の法定相続人に対して認められた、被相続人の意思によっても奪えない相続分のことです。遺留分の割合は、父母等直系尊属のみが相続人の場合は相続財産の1／3、それ以外の場合は1／2となります（民法第1028条）。設問の場合、あなたの法定相続分は相続財産の1／2、遺留分の割合は1／4です。

2　遺留分減殺請求

遺留分を侵害された遺留分権利者は、遺留分を保全するのに必要な限度で遺贈及び贈与の減殺を請求できます（遺留分減殺請求、民法第1031条）。ここで「遺贈」とは被相続人が遺言で行った相続財産の処分のこと（相続分の指定を含む）、「贈与」とは被相続人が行った生前贈与のことで、後者には、①相続開始前の1年間に行った贈与と、②それ以前でも被相続人と受贈者双方が遺留分権利者に損害を加えることを知って行った贈与が含まれます。また、③受贈者が相続人である場合には相続開始の1年以上前のものでも減殺対象になりうるので要注意です（民法第1044条、第903条）。なお、遺留分を侵害する遺贈や贈与があるときは、基本

的に新しいもの（遺贈）から古いもの（贈与）へと順に減殺の対象になります。

3　遺留分減殺請求の効果

いったん遺留分減殺請求権を行使すれば、当然にその減殺の効力が発生し（形成権）、たとえば、お兄さんがお母さん名義の不動産を自分名義にしていたとしても、その1／4の持分はあなたのものであると主張して、あなたへの持分移転登記を求めることができますし、お母さん名義の預金が残っていれば、その1／4の預金返還請求権をもつことになります（お兄さんが預金全額の解約払戻しを受けていれば、1／4の金額の不当利得返還請求権に変わります）。これに対して、お兄さんは、遺留分減殺の金額をあなたに支払って、返還義務を免れることができます（価額弁償）。

4　遺留分減殺請求の方法

遺留分減殺請求は、遺留分権利者が、自分のために相続が開始したことと遺留分を侵害する贈与や遺贈があったことを知った時から1年以内に行わなければ時効によって消滅しますから、絶対に放置しないよう注意して下さい（相続開始から10年経過すれば、事情の如何を問わず減殺請求権を行使できません）。このように遺留分減殺請求権の行使には厳格な期間制限があるので、期間内に権利行使したことを証明するため、ぜひ配達証明付内容証明郵便によって相手方（受遺者、受贈者）に通知して下さい。

これに対して、お兄さんが価額弁償してくれればいいのですが、多くの例で遺留分減殺の金額が争われます。その場合は、家庭に関する事件として、相手方の住所地を管轄する家庭裁判所に遺留分減殺請求の調停を申し立てることになりますが、調停を申し立てただけでは遺留分減殺請求権を行使したことになりません。さらに、調停不成立となれば（審判事項ではないので）地方裁判所に遺留分減殺請求の民事裁判を起こすことになります。最初から民事裁判を起こすことも考えられますが、事案によりますので、弁護士にご相談下さい。

関連項目　　テーマ25・45

テーマ45

遺留分の基礎財産

設問 母は遺言書を作成せず、姉と私を残して亡くなりましたが、5年前に母から聞いていた財産がほとんどなくなっていました。母は、姉に生前贈与したか、晩年傾倒していた団体Aに寄付したのだと思います。この場合、遺留分減殺請求できますか。

回答 遺留分減殺請求権は遺留分をもつ相続人が被相続人から得た純財産額が遺留分の額に達しないときに発生します。ですから、まず、遺留分の基礎となる財産を確認することが必要です。

解説

1 遺留分の基礎財産

遺留分の基礎となる財産は、「相続開始時の積極財産」に「贈与の価額」を加え、そこから「債務全額」を引いて計算します（民法第1029条）。ここで、「相続開始時の積極財産」には、遺言による遺贈や死因贈与によって処分した財産も含まれ、「贈与」には、①相続開始前1年間にした贈与と、②1年以上前であっても当事者双方が遺留分権利者を害することを知ってした贈与が含まれ、これらは相手が相続人であろうとなかろうと関係ありません。さらに、見落としがちですが、③相続人に対する贈与は、それが「特別受益分」にあたるなら、1年以上前のものでも「贈与」に含まれます（民法第1044条、第903条）。

2 何が基礎財産に該当するか

これを設問のケースでいうと、お姉さんに対する贈与でも団体Aに対する贈与でも、①相続開始前1年間に行われたもの、②1年以上前でもお母さんと相手が遺留分侵害の事情を知っているものは遺留分の基礎財産を構成し、③1年以上前でも、お姉さんに対する贈与が「婚姻のため」

や「生計の資本」に該当して特別受益の要件を満たすなら、遺留分侵害の事情についての知・不知を問わず、遺留分の基礎財産になります。そして、あなたは、「相続開始時の積極財産」に上述の①～③の価額を加えたもの（遺留分の基礎財産）のうち1／4の遺留分をもちますから（債務はないものと仮定します）、遺産分割手続の結果取得できた純財産額がこの計算による遺留分の額に達しない場合には、遺留分減殺請求権があることになります（なお、遺留分減殺請求権は遺言の有無に関係なく行使できます）。

3　生前贈与の調査

ただし、問題は、このような「贈与」をどうやって調査するかです。この点、不動産なら法務局で登記簿謄本を取得し名義移転の有無や時期を調べることができますし、預貯金や株式なら、お母さんが口座をもっていた金融機関の窓口に出向いて、あなたが相続人であることを示し（戸籍等が必要です）、お母さんの生前の取引履歴を開示してもらうことができます。金融機関が判明しないなら、お母さんが利用していたと思しき金融機関に出向いて同じ手続をとることになるでしょう。そのほかに、弁護士に依頼して弁護士会照会等の手続を採る方法も考えられますが、金融機関からは個人情報を理由に開示を拒まれることが多く、成果を得られるとは限りません。そして、たとえば口座から現金で出金されると使途がわからなくなるので、「贈与」を特定することは困難をきわめるのです。

なお、相続開始前3年間の贈与は相続税の課税対象になるので（相続税法第19条）、相続税申告書には3年以内の贈与を記載する必要があり、これを怠れば税務署から調査が入りますから、その過程で贈与が明らかになることもあります。ただし、これは相続税申告が必要となる程度の相続財産がある事例に限定されますし、税務署も納税させることだけが目的ですから、すすんで他の相続人に贈与の内容を教えてくれるわけではありません。

関連項目　　テーマ24・44

テーマ46

遺言書を書くタイミング

設問 私はまだ60歳ですが、先日、病院で脳動脈瘤があると言われました。そろそろ遺言書を作成するべきでしょうか。

回答 ご家庭の事情にもよりますが、思いあたることがあるなら、遺言書を書くのに早すぎるということはありません。

解説

1 誰でも遺言書を書く必要があるか

われわれは、誰でも遺言書を書けばよいと勧めているわけでもありません。たとえば、相続人が子ども1人だけの場合や、相続人が配偶者と子ども1人で配偶者がその子の実親だという場合なら、相続紛争が起きる可能性は少なく、遺言の必要性は乏しいでしょう。

しかし、本書に掲載したように、子のいない夫婦や内縁の夫婦、相続人がいない場合、相続人の1人が行方不明の場合、事業承継が絡むケース、子の1人が親と同居している場合、再婚や養子がからむケースなどでは、遺言がなければトラブルを招く可能性が高いといえます。このように、遺言の必要性は遺言者の家庭の事情によって左右されるので、健康診断を受けるつもりで、一度は弁護士に相談してみることをお勧めします。

2 遺言能力

さて、平成23年の日本人の平均寿命は女性85.90歳、男性79.44歳ですから、60歳といえば働き盛りで、「終活」には早すぎるように思えます。しかし、同年の日本人の死亡原因をみると、多い方から悪性新生物（癌）、心疾患、肺炎、脳血管疾患、不慮の事故とされ、このうち心疾患、脳血管疾患、不慮の事故で亡くなる場合（死因の約3割）には遺言書を

書くだけの時間的余裕がありません。たとえば脳動脈瘤が破裂すれば、くも膜下出血を引き起こして生命にかかわりますし、一命を取りとめても脳梗塞等の後遺症を生じ、遺言能力を失うことになりかねません。

　また、そういった持病がなくても、自分が気づかないうちに判断能力は低下していきます。そして、遺言するときに遺言能力が認められなければ遺言は無効になりますし、遺言能力に疑問をもたれる状況で遺言書を作ったばかりに、その遺言書の有効性をめぐって相続人がもめることもあります。つまり「そろそろ遺言を書かなくては」と考えるに至ったときには、すでに手遅れになっている可能性が高いのです。ですから、書けるうちに遺言書を作成しておくべきですし、遺言書を書くのに早すぎることはありません。

3　遺言の書き直し

　若いうちに遺言書を書いてしまうと、その後事情が変わったときにどうするのかとか、遺言書に書いた財産を処分できなくなると不安になるかもしれません。しかし、遺言はいつでも書き直せますし、遺言と抵触する行為をしても、その部分を撤回したとみなされるだけです。

　ただし、遺言書を書き直せば、複数の遺言が存在することになり、遺言同士の関係が明らかでなければ混乱を招きますので注意して下さい。また、遺言書はとにかく作っておけばよいというものではなく、なによりその中身が重要ですから、紛争の火種になりやすい遺留分を侵害する遺言や一部遺言はできるかぎり避けるとともに、相続人全員に配慮し、かつ誤解を招かないよう正確な内容にしておくことが肝要です。

関連項目　　テーマ3・51

テーマ47

遺言信託とは

設問 銀行の担当者が家に来るたび遺言信託の活用を勧めてきますが、利用すべきでしょうか。

回答 「遺言信託」とは金融機関の商品です。それがあなたのニーズに合ったものかをよく考えて判断して下さい。

解説

1 狭義の遺言信託

「信託」とは、委託者が受益者のために財産の管理運用などを受託者に任せることですが、遺言者は遺言で信託を設定することができます（「狭義の遺言信託」、信託法第3条）。狭義の遺言信託は、たとえば1人で生活できない状態の子がいるため、相続財産の管理を受託者にまかせ、その子（受益者）に定期金を給付させるといった目的を達するためには合理的な手段ですが、そのような必要性がある事例は限られるため、それほど利用されているわけではありません。

2 商品としての遺言信託

これに対して、銀行が勧める「遺言信託」は、「狭義の遺言信託」とは異なり、①遺言書の作成とコンサルティング、②遺言書の保管、③遺言の執行（あるいは名義変更の代行等の遺産整理業務）を内容とする金融機関の商品です。その意味では「商品としての遺言信託」と言ってもいいでしょう。そして、この商品に「遺言信託」という名前を付けて宣伝しているのは遺言と信託銀行を結びつけるためですが、今では信託を取扱わない都市銀行までが「遺言信託」という商品名を用いています。したがって、これら銀行が勧める「商品としての遺言信託」は、弁護士や司法書士が日常行う遺言書の作成やアドバイスの業務と内容的には変わ

りがなく、銀行でなければ行えないものではありません。

3　遺言信託のメリット

とすれば、「商品としての遺言信託」にどれだけのメリットがあるのかが問題です。まず、①遺言書作成についての銀行のアドバイスは、通常、マニュアル的なものにとどまりますから、とくに本書で指摘したような複雑な事例では、将来の紛争を予測するという点において熟達した弁護士に及ばないでしょう。つぎに、②銀行が勧める公正証書遺言は、その原本が公証役場に保管されますから、銀行に保管してもらうメリットはありません。そして、③遺言執行については、相続開始後に相続人間で紛争が生じると、銀行は紛争に関与できないので遺言執行者にも就任せず、手を引いてしまいます。したがって、紛争解決のためには、あらためて弁護士に依頼しなければなりません。

4　遺言信託の手数料

さらに、費用の面についても、「商品としての遺言信託」では、おおむね、相続税申告書の中でもっとも高額になる「相続税評価額」を手数料の基準とし、手数料率も弁護士会の旧報酬基準と同等以上に設定したうえ、最低価格を設定していますから、遺言書作成と遺言執行を弁護士に依頼した場合の平均的な弁護士費用より高くなるはずです。さらに、銀行は遺言を扱うことによって資産家の財産内容を掌握し、金融商品を売ったり、融資を勧誘するという隠れた目的をもっていますから、この点にも注意が必要です。これに対して、銀行からは、「弁護士を遺言執行者に指定してもその弁護士が死んだらどうするのか」と言われることがありますが、弁護士の年齢に問題があるなら複数の遺言執行者を指定しておけば足ります。このようにみると、冒頭に説明した「狭義の遺言信託」を利用するような特別な事情がなく、金融商品への投資や相続税対策のための事業経営にも興味がないなら、「商品としての遺言信託」を利用するメリットは少ないといえるでしょう。

関連項目　　テーマ１６・５６

テーマ48

相続分を指定する遺言の危険性

設問 遺留分に気をつけて、長男に2／3、次男と三男に1／6ずつ相続させるという遺言を書こうと思いますが、問題がありますか。

回答 この遺言はいわゆる「相続分の指定」になりますが、特定の財産を誰が引き継ぐかについて遺産分割手続が必要になるため、かえって紛争を生じる危険があります。

解説

1 相続分の指定

　被相続人は、遺言で共同相続人の相続分を定めることができ、これを「相続分の指定」と呼んでいます（民法第902条）。この場合の相続分とは、共同相続人が被相続人の遺産をどれだけの割合で承継するかという意味で、相続分が指定されると、各相続人には法定相続分が適用されず、指定された相続分（指定相続分）の割合を相続することになります。

　なお、「相続分の指定」は遺言でしかできません。また、遺留分を侵害する「相続分の指定」がある遺言も当然に無効ではなく、侵害された遺留分権利者は減殺請求できること、相続債務が「相続分の指定」にしたがって分割されるとしても、それを債権者に対しては主張できないことに注意して下さい。

2 あらためて遺産分割手続が必要

　さて、設例のように、遺言中に「相続分の指定」だけがあっても、個々の財産を誰が承継するかが定まるわけではありませんから、相続財産は共有状態になります（民法第898条）。したがって、個々の財産を具体的に誰が相続するかについては、遺産分割協議または遺産分割調停・審判

（遺産分割手続）によって決められます。ところが、遺留分だけしかもらえない次男や三男が長男のことを快く思わないなら、遺産分割手続は紛糾するおそれがあるのです。また、遺産中の預金は法律的には金融機関に対する預金返還請求権（可分債権）ですから、遺産分割手続なくして指定相続分の預金を取得できるはずですが（可分債権当然分割論）、遺産分割のないまま金融機関が預金返還請求に応じてくれるとは限りません。このように、「相続分の指定」だけを定めた遺言は、かえって相続人たち全員に面倒をかけてしまう結果になるのです。

3　遺産分割の方法の指定、遺贈

　遺言によって遺産を処分する方法としては、「相続分の指定」のほか「遺産分割の方法」の指定や「遺贈」の方法があります。たとえば、特定の財産を示して「相続させる」とした遺言は、それが法定相続分の範囲内におさまるときは「遺産分割の方法」を指定したものと解されています。しかし、これら三者の区別は容易でなく、結局、遺言者の意思を合理的に解釈して遺言の効力を決めなければなりません。したがって、相続開始後に疑義を招かないよう、遺言では、何をどうしたいのかを具体的に記載することがもっとも重要なのです。

4　正しい遺言の書き方

　以上から、遺言では、すべての財産を特定して誰に何を承継させるのかを書くことがもっとも望ましいということになります。そうすれば、遺言が「遺産分割の方法」の指定にあたるか「遺贈」にあたるかはともかく、なにより遺言者の意思が明確になるからです。

　また、かりに、全財産を換価して長男に2／3、次男と三男に1／6ずつ承継させたいと考えるなら、遺言で「全財産を遺言執行者に換価させ、諸経費を差し引いた残額を、長男に2／3、次男と三男に各1／6ずつの割合で遺贈する」という内容にすれば足ります（清算型遺贈）。ただし、清算型遺贈の場合でも、相続人の不動産登記手続への協力や譲渡所得税の分担での問題を生じることがありますから、その点には注意が必要です。

関連項目　　テーマ2・36・37

テーマ49

一部遺言の落とし穴

設問 自宅だけは同居している長男に継がせたいので、それだけを書いた遺言書を作りました。残りの財産は兄弟仲良く分けてもらえばいいのですが、落とし穴はありますか。

回答 特定の財産の処分だけを指定した遺言(一部遺言)は、その財産の遺贈を受ける相続人とそれ以外の相続人の感情的対立を招き、遺産分割手続が紛糾するおそれがあるので、お勧めできません。

解説

1 一部遺言と遺産分割手続

あなたが、世話になっている長男に自宅を譲りたいと考えるのはごく自然なことです。また、世間に出回っている雑誌の中には、遺言で相続財産の一部を誰に譲るかだけでも決めておけばいいと「一部遺言」を推奨しているものさえあります。

しかし、とくに相続財産の中で自宅の比重が大きければ大きいほど、長男以外の子は長男だけがいい思いをしたと感じるのではないでしょうか。さらに、あなたが自分の意思で書いた遺言書なのに、長男が高齢の母親に無理やり遺言を書かせたに違いないとか、ほかにも長男が母親の財産を取り込んでいるはずだというように邪推されるかもしれません。とすれば、遺言の無効を主張されるところまでは発展しないとしても、自宅以外の遺産に関する遺産分割手続では、その恨みつらみが爆発し、紛糾・長期化する可能性が高いのです。したがって、こうした「一部遺言」はお勧めできません。

2　その他の注意点

　つぎに、遺産の中で自宅がいちばん価値のある財産で、これを長男に相続させた結果、他の相続人の遺留分を侵害する場合には、遺留分減殺請求される可能性があります。その場合でも、長男が自宅を手放したくないなら、長男から遺留分権利者に対して、遺留分侵害相当額の代償金を支払うことになりますが（価額弁償）、長男にそれだけの資力がなければ、やむなく自宅を手放す結果となることもあります。

　また、あなたが遺言書に「自宅を長男に相続させる」と書いたのなら「遺産分割の方法」の指定となり、長男はほかの相続人の意向にかかわりなく自宅の所有権移転登記をすることができますが、「遺贈する」と書いたのなら、ほかの相続人に登記手続に協力してもらう必要があります。しかし、感情的に対立したほかの相続人が手続に協力してくれるとはかぎりませんので（協力を拒否されれば家庭裁判所に遺言執行者の選任を請求することになります）、注意が必要です。なお、長男が先に死んだ場合に、その子に譲るかどうかも記載しておいて下さい。

3　全部遺言の必要性

　結局、厳しい言葉でいえば、「一部遺言」は問題の先送りです。先送りである以上、紛争の種を取り除いたことにはなりません。ですから、相続争いを避けるために遺言を残すのなら、遺産を漏れなく特定し、誰に何を相続させるかを具体的に明らかにすべきなのです。さらに、記載漏れがあった場合に備え、必ず「本書記載以外の相続財産があった場合には、その一切を○○に相続させる」という記載を入れて下さい。こうして、遺産分割手続の必要性を完全に排除してはじめて、相続人たちは争う余地がなくなるのです。さらに、遺言の内容によって相続人間に不平等を生じる場合には、そのような遺言を書くに至った具体的な事情や感謝の言葉を付記することをお勧めします。

［関連項目］　テーマ１２・４８

テーマ50

相続紛争の責任は親にあり

設問 遺言書を書こうとは思いますが、遺言しても子どもたちが争ったのでは意味がありません。年をとってから子どもたちに接するときに注意すべきことはありますか。

回答 子ども（兄弟）同士の相続紛争は、被相続人となる親の準備次第で大半が予防できます。逆にいえば、相続紛争の責任は親にあるといっても過言ではありません。

解説

1　子どもに対する言動に注意

　相続紛争の現場、つまり遺産分割協議や調停の中でよく耳にするのは、「母は生前、私にこう言っていた」という類いの話です。しかし、それはお母さんの真意なのでしょうか。

　ほかの項でも書きましたが、歳をとれば気弱になると同時に、わがままになるのが自然の流れです。そうすると、たとえば長男一家が同居してくれていても、たまに来た長女に対して、「お金を自由にさせてもらえない。おまえだけが頼りだ」と言い、長女が帰ると、長男に「長女は財産目当てで来ているだけだ。おまえだけが頼りだ」と言ってしまいがちです。しかし、これでは「相続で争え」とけしかけているようなものです。極端なケースでは、長男の言うなりに遺言書を書き、長女の言うなりにも遺言書を書いて、親の取り合いなど大騒動に発展しますが、こうした事例はけっして稀ではありません。ですから、将来の不安や寂しい気持ちはわかりますが、子どもたちに対して、その場しのぎのいい加減な言動をしないでいただきたいのです。

2　相続財産を明らかに

　一般的にいって、高齢になるにつれ「子どもは頼りにならない。財産だけが頼りだ」と考えがちです。しかし、子どもたちに遺産のあらましを告げないまま亡くなったり、生前、見栄を張って多くの財産があるかのように言っていた場合には、相続人となった子どもたちは「ほかにも財産があるはずだ。誰かが隠している」と考え、紛争の種になってしまいます。ですから、相続開始後に遺産の詳細がわかるように、すべての財産を記載した遺言書を残すことをお勧めするのです（この意味ではエンディングノートも利用価値があります）。

3　遺言の活用

　相続紛争を避けたいと本当に思うなら、子どもたちが争う可能性を排除するために、遺言を残すことがもっとも有用です。ただし、この場合には、①遺産全部を特定してその処分内容を明らかにすること、②法定相続分を原則としてこれと大差ない内容にすることが重要です。逆に、「相続分の指定」や「一部遺言」、そして遺留分侵害の遺言では、紛争の可能性を排除することができません。

　さて、遺言書を作成したことを相続人に知らせるかどうかは自由ですが、かりにそれを知らせるとしても、遺言の内容を相続人に告げる必要はないと思います。それに、何度でも遺言書を書き直すと明言しておけば、子どもたちの間で無用の軋轢を生むこともないでしょう。なお、相続人の1人から遺言書を書くように頼まれても、その相続人を遺言書作成にかかわらせることには感心しません。その相続人だけが遺言の内容を知っていることになり、相続人間に不公平感を生む素地となるからです。もっとも、相続紛争を避けるための遺言を残すことは、本書の内容をご覧いただければわかるように、実に難しいものです。したがって、インターネットや雑誌の情報に頼って自分自身で判断するのではなく、弁護士などに直接相談し、公正証書遺言として作成することをお勧めします。

関連項目　　テーマ6・11

テーマ51

遺言能力と遺言の無効

設問 私は父の世話をしていますが、最近、父に遺言書を書いてくれるよう頼み、父も承諾してくれました。父は認知症なのですが、どうすればいいですか。

回答 お父さんの認知症の程度によっては遺言能力を欠き、遺言が無効になる可能性があります。後日のトラブルを避けるため、あらかじめ医師や弁護士に相談して下さい。

解説

1 遺言能力と認知症

　遺言するには、その時において「遺言能力」を備えていなければなりません。遺言能力とは事物に対する一応の判断力とされていますが、わかりやすくいえば、誰に何を相続させるのかを理解して判断する能力をもっていることです。

　一方、「認知症」とは、おおむね、後天的な脳の器質的障害によって知能が低下し、日常生活・社会生活を営めない状態をいい、その中核症状は記憶障害、見当識障害、認知機能障害などです。そして、このうちの認知機能障害は判断力の低下を意味しますから、認知症が遺言能力に影響する可能性を否定できません。なお、認知症の判断方法として有名な「長谷川式知能評価スケール」は、簡単な質問で日時場所の見当識や即時記銘力、計算能力などを試すテストで、このテストで30点満点中20点以下のときには認知症の可能性が考えられ、4点前後であれば高度の認知症とされています。

　もっとも、医学的な認知症の診断と遺言能力の判断は異なりますし、治療が可能な認知症もあり、認知機能のレベルにも様々な程度がありますから、認知症だから遺言能力がないと断定はできません。また、認知

症は、脳血管障害性認知症とアルツハイマー病を含む変性性認知症に大別されますが、前者では小さな脳梗塞が生じてその部位の機能が消失するため、できることとできないことが併存したり、日時場所によって正常に戻ることがある（まだら痴呆）といわれます。したがって、認知症でも遺言能力が残っている場合や、一時的に遺言能力を取り戻す場合があるのです。

2　遺言能力の判断基準

そこで、どのような場合なら遺言能力があるといえるのかが問題ですが、これが争われた数多くの裁判では、遺言者の認知症の程度、病状の変化、遺言作成の動機や経緯、遺言作成時の状況、遺言内容の複雑さの程度などを総合的に勘案して遺言の有効無効を決するのが一般で、一概にこうであれば大丈夫という基準はありません。ちなみに、長谷川式テストでわずか数点だった遺言者の遺言が、その後の看護師との会話内容などから有効とされた裁判例があり、その逆の裁判例もあります。また、信託銀行、税理士、弁護士、司法書士らが関与した公正証書遺言が無効とされる例も少なくないので、公正証書遺言を作成できたから安心だということもいえません。

3　無効な遺言を避けるために

したがって、認知症の方が遺言する場合には、①家族がビデオや日記で遺言者の生活状態や会話の内容を記録すること、②かかりつけの医師にも遺言者の状態や発言内容をカルテに記載してもらうこと、③医師に長谷川式知能評価スケールを実施してもらい、合計点のみでなく、内訳も分析して認知・判断能力があることを確認すること（複数の専門医に検査してもらうのがベスト）、④遺言を書く際には相続人や受遺者が同席しないこと、⑤第三者に頼んで遺言書作成時の様子をビデオに撮ってもらうこと、⑥遺言の内容を簡単なものにとどめることなどをお勧めしています。

このように、認知症の遺言者が遺言をするなら、複数の医師や弁護士に相談して遺言能力があることを確認すべきですし、逆に、遺言者との会話がほとんど成立しないような状態なら、後日の紛争を避けるためにも、潔く遺言をあきらめるしかありません。

関連項目　　テーマ35・46

テーマ52

遺言と異なる遺産分割協議

設問 父の死後、父の自筆証書遺言を見つけました。「すべての財産を弟に相続させる」とありますが、私も弟も納得していません。遺言と違う遺産分割はできますか。

回答 相続人及び受遺者の全員が同意するなら、遺言と異なる内容の遺産分割協議を成立させることは可能です。

解説

1 遺言と遺産分割協議

遺言者は遺言で遺産全部の処分を決めることができますから（民法第964条）、遺言の内容は法定相続人を拘束します。したがって、遺留分侵害の点は別としても、遺言の内容と異なる遺産分割協議はできないと考えても不思議ではありません。

しかし、遺言者の意思と共同相続人（受遺者を含む）全員の希望が明らかに食い違う場合に遺言者の意思を貫徹させることがよいとは思えません。また、遺言を優先させても、その後に共同相続人間で贈与や交換の合意をすれば、遺言者の意思は簡単に覆せることになります。さらに、「遺贈」の場合には受贈者は遺贈を放棄でき、その財産は相続人に帰属するのですから（民法第986条、第995条）、「相続させる」遺言の場合もこれと同様に解することができるでしょう。したがって、一般に、共同相続人及び受贈者の全員が遺言と異なる遺産分割協議を成立させた場合にはこれを無効とする必要はないと考えられていますし、これを正面から否定した裁判例も見当たりません。

2 遺言の内容を知らない相続人がいる場合

ただし、あなたと弟以外にも共同相続人がいるなら、その相続人も遺

言の存在を知ったうえで遺産分割協議に同意する必要があるでしょう。もちろん自筆証書遺言では検認手続を採っていただく必要がありますし、遺言書を隠したりすると相続欠格事由にあたります。遺産分割協議を成立させるとしても、後日、これらの点が蒸し返される可能性がありますから、面倒でも検認等の手続をとっていただくようお願いします。

3　遺言執行者の指定がある場合

　同様に、遺産分割協議を成立させるとしても、お父さんの遺言書で遺言執行者が指定されているなら、遺言執行者の候補者に対して就職の催告（民法第1008条）を行うべきです。ただ、その際には相続人全員で遺産分割協議を成立させたい旨をあらかじめ説明しておくべきでしょう。また、遺言執行者が就職を承諾したときは、遺言執行者は遺言の執行に必要な一切の行為をする権利義務をもつことになりますが、遺言執行者は相続人の代理人とみなされますから（民法第1015条）、相続人及び受遺者全員の同意がある遺産分割協議の効力を否定することはできないはずです（このような場合には、遺言執行者も加えた遺産分割協議を成立させることをお勧めします）。

4　税務上の問題

　さて、本来の遺産分割協議では相続税はかかっても贈与税は課税されませんが、特定の財産（とくに不動産）を「相続させる」という遺言があった場合に、これと異なる遺産分割協議を成立させると、相続開始時に財産の所有権が移転し、その後の遺産分割協議によってその財産が贈与または交換されたとみなされ、贈与税等が課税される可能性があります。したがって、この点についてはあらかじめ税理士に相談されることをお勧めします。

関連項目　　テーマ5・40

テーマ53

相続税

設問 私には妻と子ども2人がいて、2億円の財産がありますが、私が死んだらどの程度の相続税がかかるのでしょうか。

回答 相続税法は改正が予定されており、改正法は平成27年1月1日からの相続に適用される見込みです。本項は現行の相続税に関する概略の説明にすぎませんので、詳しくは、税務署か税理士さんにご相談下さい。

解説

1　相続税

　相続税は、相続や遺贈（死因贈与を含む）によって財産を取得した個人に課される税金で、相続開始後10カ月以内に申告及び納税する義務があります。なお、10カ月以内に遺産分割が成立しない場合は、いったん法定相続分どおり（未分割）として申告・納税し、遺産分割協議成立後に更正請求することになります。なお、原則として3年以内に更正請求した場合には、小規模宅地の特例や配偶者税額軽減の適用を受けることができます。

2　相続税の計算方法

　相続税の算出方法の概略は以下のとおりです。まず、①相続財産総額から相続債務・公課・葬式費用と基礎控除を引き（課税相続財産）、②これを各法定相続人が法定相続分で取得したものとみなして、各人の相続分に税率をかけ、その結果を合計して相続税総額を算出します。つぎに、③現実に遺言や遺産分割手続によって各相続人が取得する相続財産の割合に応じて各人の相続税額をふたたび算出し、④最後に、個別の税額控除（配偶者税額軽減・未成年者控除・贈与税額控除等）を引いて各人が

納付すべき税額を算出します（相続税法第11条〜第20条）。

上記の算出方法のうち、「基礎控除」は、現行では5000万円（定額）に1000万円×法定相続人数を加えた金額で、相続財産がこれに満たなければ相続税はかかりません。つぎに、「配偶者税額軽減」とは④の段階で軽減されるもので、配偶者の取得財産が法定相続分または1億6000万円のどちらか多い方までが非課税となります。なお、「小規模宅地特例」とは、被相続人の居住用宅地等について相続財産としての評価額を減じることができるとする特例です。紙幅の都合でこれ以上説明できませんが、国税庁のホームページには詳しい説明がありますので、ご確認いただければ幸いです。

3　設例での相続税の計算

設例のケースに戻って大雑把に計算すると、①法定相続人が3人なので基礎控除は8000万円、課税相続財産は1億2000万円となり、②これを法定相続分に直して計算した相続税総額は1100万円＋400万円×2＝1900万円となります。そして、③法定相続分どおりに遺産分割すればこれがそのまま各人の相続税額になりますが、④配偶者税額軽減によって1100万円は非課税となるので、子ども2人が相続税の原資として各400万円を用意しておけば足りることになります。なお、配偶者に全財産を相続させれば配偶者税額軽減によって相続税額を600万円まで下げられますが、次の相続では累進税率をまともに受けるうえ兄弟間の紛争が起きる可能性も高くなるので、お勧めできません。

4　相続税法の改正

平成25年2月現在、相続税が課税されているのは相続件数の約4％にすぎません。そこで、相続税率の引き上げとともに、基礎控除の額を定額部分3000万円、法定相続人1人あたりの控除額を600万円とすることなどが検討されており、相続税法が改正される見通しです（平成27年1月1日からの相続に適用されるはずです）。これが実現すれば、設例と同じ法定相続人3人の場合の基礎控除は4800万円まで下がって、相続税が課税される件数自体も倍増しますので、注意して下さい。

関連項目　　テーマ4・6・54

テーマ54

相続税対策の落とし穴

設問 税理士さんから、相続対策として生前贈与、相続時精算課税制度、養子縁組、生命保険などがあると聞きました。弁護士から見て注意すべきことはありますか。

回答 いろいろな相続税対策がありますが、節税のことだけを考えて利用すると思わぬトラブルを招きます。税理士さんだけでなく弁護士にも相談してみて下さい。

解説

1 相続税対策の概要

「生前贈与」とは、生前に自分の財産を無償で与えることです。贈与税の「基礎控除」は年間110万円まで認められ（平成13年1月1日以降の贈与に適用）、この範囲内で毎年贈与すれば相続財産そのものが減るので、相続税を軽減できます。なお、婚姻期間が20年以上の夫婦間での居住用不動産の贈与については、上記の基礎控除に加え、2000万円の配偶者控除が受けられます（相続税法第21条の6）。

「相続時精算課税制度」とは、贈与時にこの制度の適用を選択していったん贈与税を納め、将来の相続税額から控除できるようにして、贈与税・相続税を通じた納税を行う制度です（平成15年1月1日以降の贈与に適用、相続税法第21条の9）。この場合、相続税額は贈与財産と相続財産の合計額から算出されますが、贈与財産の金額は「相続時の評価額」ではなく「贈与時の評価額」となるため、相続時に値上がりが見込まれる財産を贈与するときにこの制度の適用を届出ておけば相続税の節税に役立つことになります。

「養子縁組」とは人為的に親子関係を成立させることで、法定相続人が増えることになるため、相続税の基礎控除や生命保険金の非課税金額

が増えるなどの効果があります。ただし、相続税の計算では、実子がある場合は養子1人、実子がない場合は養子2人までしか考慮されません。また、孫を養子にした場合はその孫の相続税額が20％加算されますし、養子縁組の実体がない場合には租税回避行為として否認される可能性があります。

　なお、「生命保険」については、別項を参照して下さい。

2　相続税対策の落とし穴

　上記のような「相続税対策」は、実体としては特定の相続人に対する利益供与にほかなりません。ですから、子らの実親である配偶者に生前贈与しても子らから不満が出ることはないでしょうが、それ以外の場合で複数の共同相続人がいれば、その恩恵にあずからなかった相続人が不愉快に思うことは避けられません。

　なお、特別受益の要件を満たす生前贈与なら相続財産へ持戻しされますが、それでも不公平と感じる相続人が感情的になって遺産分割手続が進まない可能性がありますし、被相続人が持戻し免除の意思表示をしていた場合にはなおさらです。さらに、その贈与が他の相続人の遺留分を侵害する場合には、遺留分減殺請求されて裁判に発展することもあります。養子縁組や生命保険を利用する場合でも同様の危険があるといえるでしょう。

　したがって、こうした事態を避けるためには、「生前贈与」や「生命保険」については同一順位の共同相続人を平等に取り扱うこと、「養子縁組」や特定の相続人に対する贈与については他の共同相続人の承諾を取り付けておくこと、さらに相続税対策の結果として生じる不平等については遺言の内容によって調整することが必要です。

　このように、「相続税対策」と「相続対策」は似て非なるものですから、「相続税対策」をしたから万全だと考えるのは早計です。

関連項目　　テーマ27・53

テーマ55

付言事項

設問 私は葬式をしてもらいたくないのですが、財産以外のことも遺言書に書けるのでしょうか。

回答 法的効力はありませんが、遺言書には遺言事項以外のことも記載できます（付言事項）。ただし、その内容によっては相続開始後に問題が生じることがあります。

解説

1 遺言事項

遺言でできる行為（遺言事項）は法定されており、具体的には、認知、後見人の指定、後見監督人の指定、遺贈、遺贈減殺方法の指定、寄附行為、相続人の廃除及び廃除の取消、相続分の指定及び指定の委託、特別受益者の持戻し免除、遺産分割方法の指定及び指定の委託、遺産分割の禁止、共同相続人間の担保責任の指定、遺言執行者の指定及び指定の委託、信託の設定がこれにあたります（祖先祭祀主宰者の指定、生命保険金受取人の指定も同様に解されています）。そして、これら以外の事項を定めた遺言は、その部分にかぎり、法的効力をもちません。

2 付言事項のすゝめ

しかし、遺言者が相続人らに伝えたいこともあるでしょうし、それを遺言書に記載しても、遺言が無効になるわけではありません。ですから、設問のように遺言事項以外の葬儀や法事、散骨や献体の希望なども記載することができ、これが付言事項と呼ばれています。さらに、最近では、種々の雑誌やインターネットで、付言事項として共同相続人に対する感謝の言葉や、相続人間での遺産の分配が必ずしも平等といえない場合にその理由を説明すべきであるとされ、付言事項が推奨されています。

3　付言事項の注意点

　なるほど遺言者が遺言の経緯や趣旨、生前贈与や遺贈の理由などを遺言書に記載し、それに説得力があれば相続人間での無用の紛争を予防することができるでしょうが、以下の点には注意が必要です。

　まず、付言事項には何でも書けばよいというわけではありません。たとえば、特定の相続人に多くの遺産を与える理由は、書けば書くほど弁解になりがちで、それを読んだ他の相続人が納得するとはかぎりません。逆に、特定の相続人に遺産を与えない理由を赤裸々に書けば、その相続人の憎悪や反感を煽るだけかもしれません。したがって、円満な相続を目的として遺言を書くなら、それを読む相続人たちの気持ちを考えて、付言事項を記載すべきなのです。

　つぎに、遺言は、その内容が一義的に明確でなければ、その遺言書全体の記載を考慮して解釈されることになります。したがって、付言事項といえども、遺言の内容とまったく無関係とはいえません。したがって、冷静かつ客観的な付言事項でなければ、かえって紛争の種となることがあります。

　こう考えると、何でも付言事項を記載すればよいというものではなく、まずは、誰が読んでも内容が明確な遺言を作成することが肝要で、付言事項では、これに影響しない範囲で、相続人たちに対する感謝の気持ちなどを端的に表すにとどめる方がよいことになります。

テーマ56

遺言書の保管方法

設問 遺言書を書いたとしても、どこに遺言書を保管しておけばいいのでしょうか。

回答 紛失をおそれるのなら公正証書遺言を残すべきですが、いずれにしても、相続開始後に遺言の存在が明らかになるような工夫が必要です。

解説

1 公正証書遺言の場合

　公正証書遺言の場合、公証人は、遺言者や証人が署名捺印した「原本」1通を公証役場で保管し、遺言者には正本と謄本各1通を交付します。「正本」は原本と同じ効力をもちますが、署名捺印は省略されています。また、「謄本」は、内容を確認するための写しで法的な効力はありません。そこで、遺言執行者を指定した場合には、遺言執行者が正本を保管し、遺言者は謄本を保管することが多いでしょう。なお、公正証書遺言の原本は公証役場で保管されるため紛失のおそれがなく、正本や謄本を紛失しても再交付してもらえます。

　また、平成元年以降に作成された公正証書遺言は、全国の公証役場でオンラインで検索することができます（地域によっては平成元年以前のものでも可能です）。ただし、その照会ができるのは相続人等利害関係人のみで、照会を依頼する際には、①遺言者の死亡を証明する戸籍謄本、②遺言者の相続人等利害関係人であることを証明する戸籍謄本、③身分証明書等の提示が必要です。

　このように、公正証書遺言には紛失のおそれはありませんが、相続人が遺言の存在そのものを知らない場合には役に立ちません。そこで、遺言したこと自体を相続人に知らせない場合には、相続開始後、相続人が

容易に見つけることができる場所で公正証書遺言の正本や謄本を保管するか、遺言したことを相続人に伝える方法を考えておく必要があります。

2　自筆証書遺言や秘密証書遺言の場合

　これに対して、自筆証書遺言や秘密証書遺言は、原本1通しか存在しないため、保管方法は大問題です。鍵がかからない机の抽斗などで保管すると、遺言書を見つけた相続人が隠したり、内容を書き換えるおそれがないとはいえません。しかし、逆に、天井裏のように誰にも見つからない場所に隠すと、相続開始後は遺言がないものとして遺産分割されてしまい、せっかくの遺言が日の目を見ることなく終わってしまいます。

　したがって、相続人が遺言書を隠匿したり変造したりすることはないと思うなら、自宅の金庫や鍵のかかる抽斗あるいは銀行の貸金庫などで保管することをお勧めしますし、そこまで相続人を信用できないとお考えなら、相続人以外の信頼できる第三者に保管してもらうことが考えられます。なお、遺言で遺言執行者を指定したのなら、その遺言執行者の候補者に保管してもらうのが通例です。

　もっとも、第三者に遺言書を保管してもらっても、その第三者が相続開始の事実を知らなければ、やはり遺言はお蔵入りとなってしまいます。この点、遺言書の保管者が銀行なら、預金の解約払戻しや名義変更の手続によって相続開始の事実を知ることになるでしょうが、友人や弁護士、司法書士に預けるならその保証がありません。そこで、相続が開始したことを確実に知ることができる立場の方（法定相続人以外の親族や相続税申告が必要な場合の税理士）に遺言書を預けるか、そうでない方に保管してもらう場合には必ず相続開始の連絡が届くように手配しておくことが必要です。

関連項目　　テーマ33・34・40

テーマ57

遺言執行者

設問 遺言書を書こうとしたら遺言執行者の指定を勧められました。遺言執行者とは何をする人ですか。遺言執行者は決めておいた方がいいですか。

回答 遺言執行者とは相続開始後に遺言の内容を実現（執行）するための人です。相続開始後にもめそうな予感があるなら、遺言執行者の指定をお勧めします。

解 説

1 遺言の執行

まず、遺言による子の認知や推定相続人の廃除及びその取消などは、もともと相続人は執行できず、必ず遺言執行者に執行させなければなりません。

つぎに、遺言の内容が相続分の指定や遺産分割の禁止などだけなら遺言の内容を実現するための手続は不要ですが、「遺産分割の方法」の指定や「遺贈」などを内容とするときは、これを実現するための手続（執行）が必要です。そして、遺産分割方法の指定なら原則として受益の相続人が単独で手続できますが、遺贈だと相続人（遺贈義務者）全員の協力が必要になります。ところが、相続人間で不平等な結果になる遺贈や相続人以外への遺贈については、相続人全員が協力するとは限りません（その場合には裁判するか遺言執行者選任申立てをすることになります）。したがって、遺贈を内容とする遺言では、あらかじめ遺言執行者を指定し、遺言執行者に手続を行わせた方がよいことになります。

2 預金・不動産の名義変更

さて、遺言に従って預金を受け取る相続人や受贈者は、それが「遺贈」

でも「遺産分割方法の指定」でも、銀行に対して預金の解約払戻しや名義変更を求めますが、銀行は、事実上相続人全員の承諾を要求することが多いので、相続人全員の協力が得られなければ、銀行に対して裁判することになりかねません（銀行が遺言執行者の選任を求めることもあります）。したがって、この点でも遺言執行者を選任しておく実益があります。

なお、不動産について「遺贈する」とした遺言では、やはり移転登記手続のために相続人全員もしくは遺言執行者の協力が必要ですが、特定の不動産を「相続させる」とするなど「遺産分割方法の指定」として特定の相続人に不動産を取得させる内容の遺言であれば、その相続人は単独で移転登記できますので、遺言執行者は必要ありません。

3　遺言執行の妨害

遺言で遺言執行者を指定すると、相続開始後に就職した遺言執行者は「相続財産の管理その他遺言の執行に必要な一切の権利義務」をもち、相続人の協力がなくても遺言の内容を実現する手続ができ、逆に、相続人は遺言執行者による遺言の執行を妨害することができません（民法第1013条）。そして、この場合には、遺言執行者の指定がないため相続開始後に家庭裁判所に遺言執行者の選任を求めた場合と異なり、相続人は、遺言執行者が就任する前でも遺言に反する処分をすることができず、これに違反した処分行為は絶対的に無効になります。したがって、遺言者の意思を確実に実現させたいと思うなら、「相続させる遺言」であっても、いわば予防的に、遺言執行者を指定しておく意味があるのです。

4　遺言執行者の必要性

相続人たちが表面上仲よく見えたり、相続人に対して道理を言い聞かせたつもりでも、いざ相続が開始すれば、些細なことが引き金となって紛争は起きます。したがって、その予感があるなら、なおさら遺言執行者を指定しておくべきです。なお、相続人間の調整役になることを期待して遺言執行者を指定するのであれば、遺言執行者はなにより公平中立でなければなりませんから、共同相続人の1人を遺言執行者にすることは避け、弁護士等の第三者を遺言執行者に指定すべきでしょう。

関連項目　　テーマ36・37・58

テーマ58

遺言執行者の解任

設問 父の遺言がありますが、遺言執行者は兄の友人の弁護士で、何度お願いしても相続財産を明らかにしてくれません。どうすればいいのでしょうか。

回答 遺言執行者には財産目録の作成交付義務がありますから、遺言執行者がその任務を怠ったり、その他正当な事由があれば、家庭裁判所に解任を求めることができます。

解説

1　財産目録の作成

　遺言執行者は、就任後遅滞なく相続財産の目録を作成して、相続人に交付しなければなりません（民法第1011条）。ここで「相続人」とは法定相続人を意味しますので、お父さんの相続人であるあなたは、遺言の内容にかかわらず、遺言執行者に対して相続財産目録の交付を請求する権利があります。なお、「遅滞なく」とは遺言執行者の就任後2～3か月程度が一応の目安と考えられます。

　また、遺言執行者は「相続人の代理人」とみなされ、相続人に対して、委任契約における受任者としての義務（善管注意義務）を負いますので、財産目録の作成を終了していない場合でも、その事務処理状況について相続人に報告する義務があります。

　したがって、あなたとしては、遺言執行者に対し、書面で期限を定めて財産目録の交付を求めるとともに、それが完成していない場合には中間報告を求めるべきでしょう。

2　遺言執行者の解任

　遺言執行者が「任務を怠ったときその他正当な事由があるとき」は、

相続人らの利害関係人は家庭裁判所に遺言執行者の解任を請求できます（民法第1019条）。したがって、遺言執行者がいつまでも財産目録を交付しなかったり（相続開始後10カ月以内となる相続税申告期限を徒過した場合など）、相続人からの求めに対してまったく応答しないなら、「任務を怠ったとき」にあたるものとして解任を求めることができます。

　さらに、設問の事例では、「正当な事由があるとき」としても解任請求できる可能性があります。なぜなら、「遺言執行者が兄の意向を受けてお父さんに遺言を作成させたうえ、遺言執行者就任後も遺留分侵害や生前贈与・特別受益などの事実を隠すために財産目録を提出しないのだ」と他の相続人から疑われても仕方がないケースだからです。財産目録は遺言執行者の管理権の対象を明らかにするものであって、遺言執行者には生前贈与や特別受益の調査報告義務まではありませんが、このような場合の遺言執行者は、兄以外の相続人から誤解を受けないよう自ら説明や報告をすべきであって、あなたからの問い合わせを無視することはできないというべきでしょう。実際、相続人全員の信頼を得られないことが明らかであることを理由に解任請求を認めた裁判例もあります。

3　弁護士会への懲戒請求

　設問の遺言執行者は弁護士ですが、弁護士は所属弁護士会の監督を受け、品位を失うべき非行があった場合は懲戒を受けることになっています。したがって、弁護士である遺言執行者が一部の相続人に格別有利な取り扱いを図り公正さを欠く場合には、所属弁護士会に対して懲戒を請求することができる可能性があり、実際に懲戒が認められた例も少なくありません。もっとも、解任請求も懲戒請求も、弁護士を相手にするのは躊躇を覚えるでしょうから、事前に他の弁護士か弁護士会に相談されることをお勧めします。

関連項目　　テーマ５７

テーマ59

弁護士費用

設問 弁護士に遺言書作成、遺言執行者または遺産分割調停を頼むと、どのくらいの費用がかかりますか。また、弁護士は、どこで探せばいいのでしょうか。

回答 弁護士費用は紛争性があるかないかで変わりますが、概算額を例示しておきます。なお、弁護士はお近くの弁護士会や市役所等の法律相談でお探しいただけます。

解 説

1 紛争性がない場合（遺言書作成手数料・遺言執行者の手数料）

弁護士報酬は、かつて日本弁護士連合会弁護士報酬基準規程（以下「旧基準」という）で決められていましたが、平成16年に撤廃されて自由競争となりました。したがって、具体的な金額は依頼する弁護士と協議していただくしかありませんが、今でも、多くの弁護士は旧基準を参考に報酬や手数料を定めています。

旧基準によれば、定型（簡単なもの）の遺言書作成手数料は10万円から20万円、非定型（複雑なもの）の遺言書作成手数料は、たとえば3000万円の遺産なら47万円となります（以下、すべて税抜き金額です）。また、遺言執行者の手数料は、遺産が3000万円なら84万円とされていますので、参考にして下さい。

2 紛争性がある場合（交渉・調停・審判などの委任）

一方、弁護士に遺産分割交渉、調停、審判、遺留分減殺請求などを委任する場合の弁護士報酬は若干複雑です。というのも、旧基準は、実質的に争いがある場合とない場合で計算方法を変えているからです。たとえば、依頼人の法定相続分を3000万円として、それを2、3回の交渉や

調停ですんなり実現できるなら、争いのない場合として経済的利益の額が1／3（1000万円）程度とみなされ、着手金は59万円、報酬はその倍額の118万円が基準になります。しかし、相手方が、遺言の効力、遺産の範囲や相続権そのものを争うような場合には、3000万円全体が経済的利益になり、着手金は159万円、事後の報酬は確保できた財産の額に応じて200万円〜300万円になることもあります。

　もっとも、紛争性がある場合には、最初から相手の出方がわからないことも少なくありません。したがって、かりに旧基準によって弁護士報酬を決める場合でも、必ず、事前に事案の内容に応じた予測や説明を聞き、必要に応じて場合分けなどをしたうえで委任契約書を締結するべきです（弁護士には委任契約書の作成が義務付けられています）。弁護士にしても、後で依頼人ともめたくはありませんので、ここで遠慮する必要はありません。

3　弁護士費用はお高いか

　新聞や雑誌では弁護士費用が高いとよく宣伝されていますが、それは紛争性のある場合だけを取り上げているからで、簡単な遺言書作成を弁護士に頼むなら公証人手数料も含めて20万円〜30万円あれば十分でしょう。一方、「遺言信託」「遺産整理」に関する信託銀行ほかの金融機関の手数料は、紛争性がないにもかかわらず、弁護士の旧基準よりも高く設定されています。ですから、紛争性の有無を度外視して「弁護士報酬が高い」と言われても、首をかしげるほかありません。

4　弁護士を探すには

　弁護士をお探しなら、市役所等の無料相談や弁護士会の相談窓口を利用するのが堅実です。また、大阪・京都・兵庫県弁護士会の遺言・相続センターでは電話無料相談を行っていますから（巻末参照）、簡単なご質問ならこの電話相談が便利です。なお、このセンターを経由して簡単な遺言書を作成される場合だと、手数料10万円（公証人手数料等は別途）で弁護士をご利用いただけます。

テーマ60

相談の事前準備

設問 父が亡くなって相続手続をする必要がありますが、インターネットを見てもよくわかりません。弁護士に相談に行こうと思いますが、どんな準備が必要ですか。

回答 簡単な親族関係図、時系列のメモ、遺産内容がわかるメモの3点セットと、遺言書の写しがあればそれをご持参下さい（封印された遺言書は開封しないで下さい）。

解説

1 時間がない相談の場合

　市役所の無料市民相談等で弁護士に相談される場合は、相談時間が20分から30分に制限されるため、弁護士も要領よく相談を伺って、アドバイスを差し上げなければなりません。したがって、相続案件の概略がわかるよう上記のメモ程度のものをご持参いただければ結構です。これに対して、法律事務所を訪問し、時間をかけて弁護士に相談する場合には、これらに加えて下記の資料も持参していただければありがたいです。なお、弁護士の説明が専門的すぎてすぐに理解できないこともあるでしょうから、ご家族を同行されることをお勧めします。

2 親族関係図

　「親族関係図」の持参をお願いするのは、それを見れば法定相続人、法定相続分、遺留分が一目瞭然だからです。親族関係図には決まった書式はありませんので、被相続人を中心として、配偶者、直系尊属、子ども、孫、兄弟姉妹、兄弟姉妹の子どもなどを記載して下さい。また、被相続人の除籍全部事項証明書（除籍謄本）あるいは戸籍全部事項証明書（戸籍謄本）や改正原戸籍謄本などをお持ちなら、念のため、それも持参

してください。

3　時系列

　「時系列のメモ」をお願いするのは、被相続人の病状（遺言能力）や生前贈与の時期・内容などを把握するとともに、短時間で相談者のお気持ちを理解するためです。ただし、あまり事細かに書かれるとその場では読めませんので、ご配慮いただければ幸いです。

4　遺産内容のメモ

　「遺産内容のメモ」とは、簡単な財産目録のようなもので、相談の時点で把握できている不動産、預貯金、株式、生命保険、動産その他の積極財産と相続債務や葬式費用などを記載して下さい。また、相続開始（死亡）時点の評価額（残高）がわかっているものがあれば、それを記載していただければ助かります。

　さらに、相続財産に関する資料をご用意いただけるのなら、預貯金については通帳や残高証明書、不動産については全部事項証明書（登記簿謄本）と固定資産評価証明書（固定資産税・都市計画税の課税明細書）をご持参いただければ幸いです。なお、全部事項証明書はどこの不動産でも全国の法務局で取得可能ですが、住所の番地（いわゆる住居表示）と登記簿上の地番が異なる場合がありますので、不動産の所在地を管轄する法務局に地番を問い合わせていただく必要があります。また、固定資産評価証明書は、法定相続人なら市税事務所（東京都は都税事務所）又は市町村役場の固定資産税の係で取得できます。

　もっとも、最初からこれらの資料がそろっていることは稀ですし、弁護士が資料を取り寄せることの方が多いので、資料がそろわなくても気にする必要はありません。

5　遺言書

　公正証書遺言の謄本等をお持ちなら、必ずご持参下さい。自筆証書遺言もご持参いただきたいですが、未開封のものは開封しないようにして下さい。また、自筆証書遺言等につき家庭裁判所での検認が完了している場合には、検認調書の写し（検認を行った家庭裁判所に謄写申請すれば入手できます）をお持ち下さい。

巻末資料

- 遺言・相続センター（大阪・京都・兵庫）のご案内
  - ○ 大阪弁護士会、京都弁護士会及び兵庫県弁護士会の遺言・相続センターでは、下記の電話番号で、遺言や相続に関する無料の電話相談を行っています。

大阪弁護士会	06（6364）1205
京都弁護士会	075（255）4990
兵庫弁護士会	078（382）4115

  - ○ 遺言・相続センターの利用方法は、以下のとおりです。
    - ・利用時間は、大阪弁護士会・兵庫県弁護士会の場合は、平日（月曜日から金曜日）の午後3時から午後4時です。京都弁護士会は同じく平日の午後1時から午後3時30分までとなります。
    - ・ご相談できる内容は、遺言相続に関するもの全般です。ちょっとしたことなら電話で相談しただけで解決することもあります。
    - ・上記の各専用電話番号に相談申込のお電話を頂戴すると、折り返し、相談担当弁護士からお電話を差し上げます。
    - ・相談時間は原則として20分間とし、費用はかかりません。
    - ・ご希望があれば、継続して相談担当弁護士の事務所等で直接ご相談いただけます。（この場合は、30分間5,250円の相談料が必要となります）
    - ・遺言・相続センターをご利用いただいたうえで遺言書を作成する場合、弁護士の手数料は原則として105,000円です。なお、複雑な事案でも上限は遺言書1通あたり315,000円としています（公証人手数料等の実費は別途）。
    - ・遺言書作成以外の法的処理、委任も可能です。
  - ○ 遺言・相続センターでは、講師派遣による講演等のご相談にも応じていますので、お気軽にご相談ください。

- ■ 大阪弁護士会／高齢者・障害者総合支援センター（ひまわり）のご案内
  - ○ 大阪弁護士会高齢者・障害者総合支援センター（ひまわり）では、平日午前10時から12時までと午後1時から午後4時まで、下記の電話番号で相談申込の受付を行っています。

ひまわり受付　　06（6364）1251

  - ○ 火曜、水曜、金曜日の午後1時から午後4時は、上記の電話番号で弁護士が直接相談にお答えしています（費用はかかりません）。財産管理・任意後見等に関するご相談はこちらにお電話下さい。

索　引（テーマ番号で表示）

【あ行】

遺言 …………………… 13、32、50
遺言能力 ………………………46、51
遺言能力の判断基準 ……………51
遺言の執行 ………………………57
遺言の頼み方 ……………………38
遺言の撤回 ………………………46
遺言の方式 ………………………32
遺言の無効 ……………… 33、35、51
遺言の有効解釈 …………………36
遺言事項 …………………………55
遺言執行者 …… 31、36、37、52、57、58
遺言執行者の解任 ………………58
遺言執行者の選任 ………………57
遺言執行者の手数料（報酬）……59
遺言執行者の任務 ………………57
遺言書 ……………… 32、33、46
遺言書キット ……………………39
遺言書作成手数料 ………………59
遺言書の開封・検認 ……… 32、34、41
遺言書の書き直し ……………40、46
遺言書の隠匿 …………5、33、40、56
遺言書の偽造・変造 ……………40
遺言書の紛失 …………………33、56
遺言書の保管 ……………………56
遺言信託 ………………………16、47
遺言信託の手数料 ………………47
遺言の撤回 ………………………40
遺言の形式的要件 ……………33、39
遺産の競売 ……………………10、12
遺産分割 ……………… 3、20、21

遺産分割協議 ………………3、4、52
遺産分割協議書 …………………5
遺産分割審判 ……………………10
遺産分割調停 …………………8、9
遺産分割調停の管轄 ……………7
遺産分割調停の申立て ………7、20
遺産分割手続 ……………………3
遺産分割の放置 …………………21
遺産分割の方法（の指定）
　………………………36、48、49、57
遺産目録 …………………………5
遺贈 ………………… 36、37、44、48、57
遺贈の放棄 ………………………37
遺贈の取消 ………………………19
一部遺言 ……………… 26、31、39、49
委任契約書 ………………………59
遺留分 ……………………………44
遺留分減殺請求
　………… 18、25、37、43、44、45、49、54
遺留分減殺請求の効果 …………44
遺留分減殺請求の方法 …………44
遺留分権利者 ……………………44
遺留分の基礎財産 ………………45
遺留分の放棄 …………………29、43
エンディングノート ……… 34、39、50
オーバーローン …………………22
おひとりさま ……………………30
親の取り合い …………………6、50

【か行】

介護 …………………………3、6、11

価額弁償 …………………… 25、44、49	財産管理契約 ………………………… 30
貸しビル …………………………………… 22	財産分与 ……………………………… 14
家督相続 …………………………………… 21	財産目録 ……………………………… 58
株式評価額 ………………………………… 18	債務承継者の指定 …………………… 19
可分債権当然分割論 ……… 20、22、48	債務承継者の合意 ………………19、22
管轄 ………………………………………… 7	詐害行為 ……………………………… 37
換価分割 ……………………………10、12	残高証明 ……………………………… 9
基礎控除 …………………………… 4、53、54	事業承継 …………………………… 18、37
虐待 ………………………………………… 42	自書 …………………………………… 32、34
兄弟姉妹 ………………………………… 1、2	指定相続分 ………………………… 2、48
共有 …………………………… 21、25、48	自筆証書遺言 …………… 32、33、34、39
共有物分割 ……………………………… 10	自筆証書遺言の加除その他の変更
寄与分 ……………………………… 10、26	…………………………………………… 34
寄与分割合 ……………………………… 26	自筆証書遺言の保管 ………………… 34
具体的相続分 ……………………… 24、25	借地権の相続 …………………………… 23
現物分割 …………………………… 12、22	受遺者 ………………………………… 36
検認 …………………… 32、34、39、41、52	終活 …………………………………… 30
検認調書 ………………………………… 60	修繕義務 ……………………………… 22
子 ……………………………………… 1、2	準確定申告 …………………………… 4
公証人 …………………………… 32、35	準共有 ………………………………… 23
公証役場 ………………………… 32、35	小規模宅地の特例 …………………4、53
更新拒絶 ………………………………… 23	条件付遺贈 …………………………… 16
公正証書遺言 …… 32、33、35、47、56	所有権移転登記 ……………………… 36
公正証書遺言の落とし穴 …………… 35	資料の収集 …………………………… 7
公正証書遺言の検索 ………………… 56	身上監護 ……………………………… 30
戸籍 ……………………………………… 7	生計の資本 …………………………… 24
固定資産税 ……………………………… 21	清算型遺贈 …………………………… 48
固定資産評価証明書 ……………… 7、60	生前贈与 ……… 15、18、25、43、44、54
子のいない夫婦 ………………………… 13	生前贈与の調査 ……………………… 45
	生前廃除 ……………………………… 42
【さ行】	成年後見 …………………………… 6、30
再婚の夫婦 ……………………………… 15	生命保険 …………………………… 27、54

（標記の数字はテーマ番号を表示しています）

生命保険の節税効果	27
数次相続	21
先行取得論	20
前提問題	10
全部事項証明書	7、9、60
相続が開始した地	7、29
相続関係図	5
相続欠格	40
相続財産の調査	9
相続財産の範囲	20
相続財産管理人	30、31
相続債務	22、29
相続させる遺言	36、57
相続時精算課税制度	18、25、54
相続税	6、25、53
相続税対策	54
相続税の計算方法	53
相続税の申告・納付	4、53
相続税法の改正	53
相続人	1、13
相続人不存在	31
相続分	2
相続分がないことの証明書	43
相続分の指定	36、48
相続分の譲渡	43
相続分の放棄	29、43
相続紛争	3
相続放棄	1、29、43
贈与税	25、52、54

【た行】

代襲相続	1、13、28、29、36、40、42
代償分割	10、12
単純承認	29
タンス預金	9
嫡出でない子	2
中小企業経営承継円滑化法	18
超過受益	25
調停委員	8
調停委員会	8
調停官	8
直系尊属	1、2
賃貸人の地位	22
賃貸マンション	22
賃料	20、21、22
等価交換の特例	12
特定遺贈	37
特定遺贈と相続放棄	37
特別縁故者	14、31
特別受益	24、25、26、27、28、45、54
特別の寄与	26
取引履歴	9

【な行】

内縁	1、14
任意後見契約	30
任意後見制度	30
認知	55、57
認知症	3、6、11、38、51

【は行】

配偶者	1、2、14
配偶者控除	54
配偶者の税額軽減	4、6、53
廃除	42、57
廃除事由	42

長谷川式知能評価スケール ……… 51
半血の兄弟姉妹 …………………… 2
非上場株式等の納税猶予制度 …18
秘密証書遺言 ………………………32
封印 ………………………32、34、41
付言事項 ……………………………55
不在者財産管理人 …………………17
負担付遺贈 …………………… 16、19
付調停 …………………………7、10
扶養義務 ……………………………26
分割債務の原則 ……………………19
不当利得返還請求 …………… 20、21
弁護士費用 …………………………59
包括遺贈 ……………………… 31、37
報酬基準 ……………………………59
法定後見制度 ………………………30
法定相続人 ………………………… 1
法定相続分 ……………2、21、48、50
法定相続分の変更(改正) ………21

【ま行】

孫への贈与 …………………………28
まだら痴呆 …………………………51
未分割 ………………………… 4、53
名義変更料 …………………………23
持戻し …………………… 24、27、54
持戻しの免除 …………… 24、25、54

【や行】

遺言
行方不明者 …………………………17
養子 …………………………… 1、54
預金 ……………………… 20、48、57

預金の解約払戻し ……………… 5、57

【ら行】

療養看護 ……………………………26

(標記の数字はテーマ番号を表示しています)

ご挨拶

　大阪弁護士協同組合は、組合員である弁護士の相互扶助の精神に基づき、組合員のために有益な事業を活発に行っています。

　この度、大阪弁護士会遺言・相続センターの執筆・編集による「遺言相続の落とし穴」を発刊させていただくことになりました。ここに、執筆・編集作業の労をお取り頂いた皆様方に厚く御礼申し上げます。

　遺言・相続は身近なテーマですが、実に多くの難しい問題を含み、弁護士にとっても簡単と言える分野ではありません。本書は一般市民の方々を対象とした書籍ではありますが、実務経験に裏打ちされた正確な知識が満載されており、実務を司るわれわれ弁護士にとっても有用であると確信しています。

　本書が、遺言・相続に関してより多くの方々にご利用頂くことを願っております。

平成25年2月吉日

大阪弁護士協同組合理事長

冨　島　智　雄

■執筆者一覧

東　実一郎	足立　朋子	阿部　宗成	幾波　博之	市川　裕子
岩佐　賢次	岩田　和也	岩本　亘平	大久保貴彦	大山　定伸
尾﨑　由香	河村　浩之	北村　真一	木下　裕一	木村　知子
小坂　直義	酒井　由香	櫻田　司	佐々木修子	重次　直樹
嶋田　修一	下迫田浩司	志和　謙祐	高江洲ひとみ	高瀬　博文
谷川　聖治	谷　憲和	樽谷　徹	蝶野　弘治	坪多　聡美
手塚　大輔	中村　敏之	長屋　興	西田　恵	橋森　正樹
原田隆之介	肥田　直大	藤井　薫	藤原　正人	船瀬　茉莉
松井　圭子	松下　美穂	松本　昭人	水野　成浩	三村雄一郎
村井　勝則	村上　智裕	森田　博	森脇　伸也	矢野　智美
矢吹　保博	山本健太郎	山本千佳子	山元　真里	吉田　英善

■編集委員

遺言・相続センター運営委員会委員長　　藤井　薫（代表）
　　　　　　　　　　　　　　副委員長　　藤井　伸介（監修）
　　　　　　　　　　　　　　副委員長　　井上　圭吾
　　　　　　　　　　　　　　副委員長　　木口　充
　　　　　　　　　　　　　　副委員長　　黒瀬　英昭
　　　　　　　　　　　　　　副委員長　　村島　雅弘
　　　　　　　　　　　　　　委員　　　　山本健太郎
　　　　　　　　　　　　　　委員　　　　大山　定伸
　　　　　　　　　　　　　　委員　　　　船瀬　茉莉

遺言相続の落とし穴

発 行 日	平成25年3月25日
編　　者	大阪弁護士会 遺言・相続センター
発 行 者	大阪弁護士協同組合 〒 530-0047 大阪市北区西天満1－12－5 大阪弁護士会館内 ＴＥＬ　06－6364－8208 ＦＡＸ　06－6364－1693
印 刷 所	協和印刷株式会社 　　定価1,300円（本体1,239円＋税）

落丁・乱丁等の場合はおとりかえいたします。